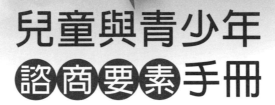

兒童與青少年
諮 商 要 素 手冊

The Elements of Counseling
Children and Adolescents

Catherine P. Cook-Cottone
Linda S. Kane——著
Laura M. Anderson

陳滿樺——譯

The Elements of Counseling Children and Adolescents

Catherine P. Cook-Cottone, PhD
Linda S. Kane, MEd, LMHC
Laura M. Anderson, PhD

The original English language work:
The Elements of Counseling Children and Adolescents 1e
isbn: 9780826129994
by Catherine P. Cook-Cottone PhD, Linda S. Kane MEd, LMHC, Laura M. Anderson PhD
has been published by:
Springer Publishing Company
New York, NY, USA

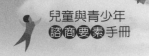
Chapter 2

與兒童青少年諮商的過程 / 025

Chapter 3

協助自我覺察和成長的策略 / 051

Chapter 4

對諮商的誤解及不確實的假定 / 075

Chapter 5

以實證為基礎的實務工作與當代處遇取向簡介 / 087

Chapter 6

危機處遇、強制通報及相關議題 / 103

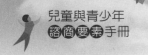
Chapter 7
成為了解和關心自己的諮商員 / 123

附錄
如何運用這本書進行訓練 / 139

作者簡介

　　Catherine P. Cook-Cottone 博士是美國水牛城大學學校諮商教育心理學系的副教授，也是一位有執照的心理學家、認證的學校心理學家和認證的瑜伽老師。她教授有關於兒童青少年諮商的課程，如：正念介入、以瑜伽增進心理健康等，並經常和成人、青少年及兒童個案工作。她的專長是評鑑和治療焦慮障礙、飲食障礙，以及發展情緒調節技巧。她是《以正念和瑜伽增進自我的體驗：心理專業人員入門》和《學校健康飲食：以實證為基礎的介入方式來幫助孩子成長》的作者之一。她曾經發表過五十多篇的期刊論文及書籍章節，並且曾在無數的全國性會議發表論文。

　　Linda S. Kane 是一位有執照的心理健康諮商員，也是美國紐約州威廉思維中央學區的學校輔導老師，並曾在水牛城大學擔任兼任教授。作為一位瑜伽老師，她以瑜伽的哲學來教導她的個案實施正念、幸福、放鬆的技巧。她主要與兒童及青少年工作，興趣跟專長包括：早期預防介入和治療，尤其是在飲食、焦慮、情緒等方面的障礙；此外也教導自我肯定訓練和情緒因應等。她是《女孩在幸福和平衡當中長大：應用瑜伽和生活技巧更自立》一書的作者之一。

　　Laura M. Anderson 博士是美國水牛城大學護理學院的助理教授，也是 PULSE 健康體重研究中心團隊的主任。她在城鄉和高關懷族群工作的經驗激發了她協助兒童及其家庭維持健康體重、健康心理方面的興趣。Anderson 博士有她自己執業的私人診所，她的專長是在行為、情緒、焦慮障礙方面的評鑑和治療。她曾經發表了二十多篇的期刊文章、撰寫書籍章節，並在無數的專業學術會議上發表論文。

譯者簡介

陳滿樺

　　國立台灣師範大學教育心理與輔導碩士，美國德州女子大學家族治療博士。曾經擔任專任張老師、台灣大專院校學生諮商中心的心理輔導員多年，諮商實務工作經驗豐富。後來在美國北德州大學擔任十多年的教職。目前服務於國立嘉義大學輔導與諮商學系，教授諮商技巧、後現代諮商、家庭諮商及多元文化諮商等課程。

✿ 序 ✿

　　這本書是一個誠懇、思考熟慮的努力成果，它提供了和兒童青少年進行諮商或心理治療時所需要知曉的基礎要素。這本書回答了一個問題：和兒童青少年進行諮商及心理治療時，有效的關鍵要素是什麼？

　　諮商與心理治療理論有將近百種的不同取向，每一種取向都說是有效的，有些還有實證資料的支持。而臨床工作者、老師、研究者的專業經驗也是同樣重要；本書的作者們就是這樣的一群人。

　　作者們所選出的五十幾個關鍵要素是扎實的，這些關鍵要素包括：

1. 諮商重要的前置作業，包括如何解釋諮商的程序、說明保密和隱私
2. 專注於諮商過程的技巧，如反映、具體化、摘要等
3. 強調增加自我覺察，如教導對苦惱的容忍力、注意非口語的行為
4. 避免對諮商的錯誤假定，如：誤以為情緒的發展和認知的發展是同步的
5. 說明危機處遇和強制通報的必要及程序
6. 介紹符合兒童青少年的處遇方式，如：遊戲治療和家庭治療

　　這些諮商要素對於與兒童青少年一起工作的諮商員而言，都是最基本需要了解的。作者對於關鍵要素的選擇，不但提供新手諮商員所需要學習的知能，也提供有經驗的諮商員複習的材料。這本書可以運用在後續進階的教學教材和練習，也提供了一個思索諮商、澄清諮商過程本質

的素材。總而言之,這本書對於助人專業的學習者,包括精神病學、心理學、社會工作和諮商等領域的學生都很適用。

Scott T. Meier 博士

美國水牛城大學

✿ 前言 ✿

在 Meier 和 Davis 的鼓勵下，我們（Catherine Cook-Cottone, Linda Kane 和 Laura Anderson）推出了一本急切需要的書——關於兒童青少年諮商實務關鍵要素的書。在這裡，我們很興奮的分享我們在教授研究生諮商課程的過程，以及在學校、私人診所與兒童青少年及其家人一起工作的豐富經驗。我們提供精心而實用的指南，以作為兒童及青少年諮商課程的補充教材。

「基本要素」的概念並不新鮮。在 1919 年，William Strunk Jr. 首先出版了《英文寫作風格的要素》（*The Elements of Style*）一書。這本書一直歷久不衰，已發行無數個版本，並為大學生提供一個清晰簡潔的寫作指南。在 2005 年，Scott Meier 和 Susan Davis 出版了《諮商的要素》（*The Elements of Counseling*），就是受到《英文寫作風格的要素》這本書的啟發。這些指南式的書提煉寫作或諮商過程中的基本要素，提供了實用的指導方針。

❤ 因需要而產生的書

本書是為提供研究所學生研習「兒童青少年諮商」課程所撰寫的入門補充教材，可在各種助人專業，如：社會工作、諮商心理學、臨床心理學、學校心理學、學校諮商、心理健康諮商和復健諮商等領域使用。我（Catherine Cook-Cottone）教授「兒童青少年諮商」的課程已將近 20 年，使用過各種教學材料，包括實證的文獻、教科書和案例研究等。然

而，要將這些大量文獻內容組織成學生可理解的知識並不容易。我決定做 William Strunk Jr. 在 1919 年所做的事情——他撰寫《英文寫作風格的要素》以幫助學生學習寫作的藝術；我也開始「縮減文獻中糾結的概念……縮小文辭的重複」成為易消化的規則和原則，最後集結成讓我的學生可以有效的與兒童青少年一起工作的準則。從本質上而言，這一套諮商要素可指導學生的實務工作，並在他們掙扎於概念之間時，能提供重新聚焦的方向。

♥ 知識和實務技能以可理解的格式呈現

《兒童與青少年諮商要素手冊》是依照諮商過程的階段、積極諮商實務工作的邏輯順序安排組織的。為支持本書所提出的實務工作理念，我們所用的實證研究文獻或理論性的論述，都是出自嚴謹的期刊。和其他「要素」的書一樣，本書每個要素都有編號，並有簡要的描述和舉例。每個編號的要素都有一個簡要的標題，以協助有意義的理解諮商過程。編號也用於新手諮商員訓練計畫中對話文本的對照分析（請見附錄）。

本書首先介紹如何為兒童青少年設計安排一個讓他們覺得受到歡迎的工作氛圍及場所，包括使用符合兒童青少年發展階段的適當語言、活動和辦公室的設計；接著強調創造可催化兒童發展的條件、過程，以激發兒童的成長和自我探索。本書還提醒新手諮商員常有的誤解和錯誤的假定，並說明危機處遇、轉介技能及強制通報的規定。

如同另一本《諮商的要素》的內容，本書也有一章談及「成為了解和關心自己的諮商員」。在這章中，我們討論與自己的童年和青春期「和解」，以及拯救者的幻想（亦即：我因拯救你而拯救我自己）等問

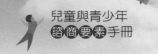

題。本書還簡要介紹處遇措施，並回顧經常運用於兒童青少年工作的技術（如：遊戲治療、解方焦點治療等）。為便於閱讀，在整本書中，父母、法定監護人、養父母等人大都以「照顧者」一詞表示。此外，由於本書有三位作者，當提到自己個人的實務經驗或經歷時，每位作者都會註明姓名縮寫（分別是 CCC、LK 和 LA）來說明。最後，簡要介紹如何使用本書訓練對話文本的對照分析。

歡迎

不論是專家或新手諮商員，都可使用本書來發展或改進諮商技巧。每章結束之前，作者也提供了思考問題來激發讀者反思對諮商要素的使用，以進一步增進技能。

致謝

本書的作者們感謝 Dr. Scott Meier 和 Dr. Susan Davis 對這個寫作計畫的支持，以及他們對於諮商過程開創精闢的思考。

Chapter

1

營造諮商的氛圍
及場域

本章主要說明對兒童及青少年進行諮商時，在最初要如何建立一個穩實的氛圍，以便於之後進行深入的個別諮商工作。在技術層面，則著重初談以及一些重要的脈絡情境，比如設立一個對兒童青少年友善的諮商環境。

1 初次接觸

第一次和案主的照顧者（如父母親或法定監護人）互動，經常是透過電話，而且他／她們（以下均稱他們）通常是為他們的孩子前來尋求諮商。案主的照顧者帶來對孩子關心的議題，但也可能是因學校老師、小兒科醫生等人的轉介而來。你和案主的關係就從這裡開始！不管這第一次的溝通是直接和你本人，或者是和你辦公室的工作人員，初談必須以溫暖而專業的方式來進行。初談的目的有二：一是簡要的探索來電者最主要的關切議題，其二是確定這個關切的議題和你本人的專業訓練是否適配。

一旦對兒童青少年案主（以下簡稱兒少案主）的需要有基本的了解，而且也確定你的專業訓練及資歷可以協助他們，這時你需要說明你如何提供諮商服務：如地點、時間、收費等。這些資訊可由你本人或是你辦公室的工作人員來說明。這個時候案主的照顧者可能對諮商感到憂心，也可能焦慮，所以在此時說明第一次晤談是什麼樣子，讓照顧者知道如何期待並參與諮商，可以有效的使照顧者安心。這個內容包括：

- 仔細的描述會談場所的內外陳設、空間、等待區；以及在等待案主時，他們可以做什麼。

- 提供晤談大概的流程，如此照顧者可以知道在第一次晤談的時候會是什麼樣子。

接下來，訂下第一次晤談的時間，甚至提供未來幾次繼續晤談的可能時間，好讓照顧者可以事先規劃他們未來的時程。最後，以感謝為總結，並且告訴他們，你很期待跟他們見面。

2 在過程中要尊重兒少案主的照顧者和家人

既然兒童青少年很少自我轉介，所以**諮商關係自然也包括兒童青少年的照顧者**，也就是兒童青少年的父母親或監護人。打從第一次接觸，就必須要建立兒童青少年家人在諮商中的安全感以及對你的信任感。對這些照顧者來說，要他們放手讓家庭外的另一位成人和他們自己的孩子發展出一個充滿關愛的關係，有時可能很困難；尤其是當照顧者和孩子之間的關係是呈現緊張壓力的情況時。你必須展現出你的意向和諮商取向永遠是以孩子的最佳利益為考量；而且**你會對雙方，也就是兒童青少年跟照顧者，同時都提供支持**（Hawley & Garland, 2008; Tsai & Ray, 2011）。

諮商員：有時候人和人之間的關係是困難的。我的工作就是理解這些困難，同時支持你們雙方，而最終的目標是希望〔孩子的名字〕能夠有最佳的發展。

③ 第一次晤談

第一次晤談就各方面而言都是獨特的。你和你的案主是第一次見面、你必須正式說明諮商的方針及原則、和案主一起閱讀並簽定相關的諮商文件資料等。如同所有的晤談，你一定要準時開始，並且用溫暖的態度來迎接你的案主（如：眼神的接觸、微笑、握手等）。在自我介紹之後，引導他們到你的辦公室時，可以一面介紹辦公室的一些設施（如：等待區、接待區、洗手間、同事的辦公室、茶水間、飲水機或者投幣式自動販賣機等）。你也要說明在辦公室公共區域的一些基本禮儀，如：在等待區要輕聲安靜，讓每一個人都感覺受到尊重。一旦進入你個人的辦公室，讓孩子和他們的照顧者自由選擇坐在他們喜歡的地方。你繼續介紹一些在你個人辦公室內的設備，如：玩具、桌遊、沙盤、書籍、繪本、白板等。當你開始會談時，再一次強調這初次會談是非常獨特的，因為它比較正式；但是未來的晤談就可能會隨意一些。接下來，說明**初次晤談主要的內容和重點**，例如：

- 說明你的專業訓練背景以及資歷
- 說明什麼是諮商、什麼不是諮商
- 和案主一起閱覽知情同意書以及諮商方針原則
- 詢問案主的相關背景
- 讓案主有機會說他們的故事，並一起決定一個概略的諮商目標

④ 說明你的專業訓練背景及資歷

當你開始分享你的背景時，要把你的專業訓練以及經驗做一個清楚

的摘要及說明。除了一般的訓練之外，你的專長是在哪個領域？有沒有一些更進階的訓練？你的專業教育訓練經驗對案主他們所關心的議題是否能夠提供適當的協助？當然你也可以分享一些你個人的興趣，有時這有助於和案主建立早期的友好關係。

5 說明什麼是諮商

　　研究顯示，向案主說明「什麼是諮商」可以促進諮商的進展及成果、晤談出席率，並防止諮商過早終止（Coleman & Kaplan, 1990; Orne & Wender, 1968; Reis & Brown, 2006; Walitzer, Derman, & Connors, 1999）。Meier 與 Davis 警告：「案主經常對諮商和諮商過程有誤解……如果諮商員忽略案主對諮商錯誤的期待，常導致案主提早退出諮商或無法促使諮商有所進展」（2011, p.3）。當你向案主解釋「什麼是諮商」時應簡明扼要，而不是像發表論文般的說明諮商理論或心理學專業。不過「什麼是諮商」並不容易扼要說明，因為它是廣泛和具深度的；並且包含許多觀點、理論，同時兼具「成長發展」和「問題解決」兩種取向。「什麼是諮商」的說明解釋也取決於諮商員和案主的個性、諮商員和案主之間的關係，以及案主帶來的特殊議題。不論是何種理論取向，基本上諮商是一種關係，**並以案主的個人成長為目標**。諮商提供了一個安全的、不批判的空間，案主在此可以自我省思、辨識優勢能力、嘗試新的自我概念和不同的存在方式，並學習有效調節情緒的方式、調整關係，以及有效的生活技能等。

　　在諮商開始前，幫助案主對諮商建立切合實際的期望是明智的作法，例如：**諮商是一個需要花費時間和精力的過程**（Swift & Callahan,

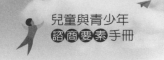

2011）。同樣重要的是，徐徐灌注案主一種合乎現實的*希望*，也就是諮商可導致問題的改善和正向變化（Meier & Davis, 2011; Swift, Greenberg, Whipple, & Kominiak, 2012）。

在這初次晤談中，你應該向案主強調他（們）在諮商過程持續表達對諮商感受的重要性；這樣你們就可針對在過程中所發生的或關注的議題來討論。給予案主機會提供回饋，然後你可以回應；這不僅對諮商過程有幫助，而且可以賦權和增能你的案主（Knox et al., 2011; Swift et al., 2012）。由於你的案主先前可能沒有「給回饋」這方面的習慣和技能，你必須常常邀請他們一起檢視，以便與他們共同討論處理諮商過程中可能出現的議題。

諮商員：我會不定時的請你跟我說，你認為我們的諮商關係如何。之後我也會常請你說說諮商過程中你的想法。這有點像保齡球館裡球溝旁的保險桿，可防止我們的晤談方向走偏了。如果我們能常常溝通什麼對你是有效的，就可以確定我們是走在正確的軌道上。這也是如何向你生活周遭的人表達自己的一個好練習。

諮商最終的目標，是幫助兒少案主成長為一位可以獨立自主因應他們自己生活挑戰的人，此時他們已不再需要你的協助。因此，這也是討論何時是終止諮商的時機——當成長和目標實現時，也就是諮商結束時（當然，在整個諮商過程仍應在不同時間持續討論進展）。「說再見」對許多人來說可能是一個困難的經驗，那麼在一開始就先探索這個議題，對實際發生的時候會很有幫助（Swift et al., 2012）。幫助你的案主想像，當他們實現目標時可能是什麼樣子以及感覺會如何。

諮商員：好，這意味著你做了很多努力，並已經達到了你來這裡的目
標。現在想像一下，當那個時刻來臨時，你想如何結束諮商？

案主常常喜歡在他們要「說再見」時，做一些特殊的事情來象徵
他們的努力和成長。例如有一次，我（作者 LK）的案主帶我去騎腳踏
車。這種角色的互換，不僅是帶著她的諮商員騎車看風景，更賦予了她
的能力感──象徵案主的成長。有時可能需要好幾次的晤談，才能完成
諮商的終止。

6 諮商服務的說明及約定

在第一次晤談中要討論一些諮商服務的工作原則，這也有助於為你
和案主之間設定一個合理的界限，例如：

- 諮商晤談中不允許被電話或其他通訊軟體（如簡訊、LINE、FB
  等）所中斷
- 如何安排晤談時間
- 取消晤談的政策
- 在兩次晤談之間出現了重要的事時，該如何和諮商員聯絡溝通
- 萬一有緊急情況時該怎麼辦

其中，諮商最重要的基本原則之一就是保密性。

7 致力於諮商的保密性和尊重隱私

美國諮商學會（American Counseling Association, ACA, 2005）、
美國心理學會（American Psychological Association, APA, 2002）、全國
學校心理學家學會（National Association of School Psychologists, NASP,
2010）和全國社會工作者學會（National Association of Social Workers,
NASW, 2008）的倫理規範都提到了晤談內容的保密性、晤談溝通特權
及對隱私尊重的原則和重要性。

A. 兒少案主和照顧者之間的隱私保密和尊重程度

兒少案主需要有一個能分享和體驗他們情緒的安全空間，照顧者也
需要了解他們孩子的福祉和安全，心理衛生專業人員必須在這之間取得
一個平衡。雖然諮商的保密和隱私是非常重要的，尤其是對青少年而
言，但是年幼兒童照顧者的參與對治療的成功也是至關重要。

關於兒童在諮商中有權要求隱私充分被保密的年齡，美國各州法律
不盡相同。諮商員有義務了解、服從這些規定，並與兒少案主及其照顧
者討論。**兒少案主的照顧者有權了解其未成年案主在諮商晤談期間的進
展。**在這裡必須指出，與未成年兒少案主進行諮商時，需要向其照顧者
提供必要的資訊；然而，許多兒童尤其是青少年，如有更多的隱私和保
密的空間，他們會願意向諮商員有更多的吐露（Huss, Bryant, & Mulet,
2008; MacCluskie, 2010）；而能充分表露是具有療效的。因此，**諮商員
必須和照顧者清楚討論，使其理解和同意——他們需要知曉兒少案主向
諮商員所吐露隱私的範圍為何。**

為了創造有利於兒少案主治療性成長的環境和關係，諮商員應該

盡可能鼓勵照顧者尊重兒少案主的個人界限和隱私（Huss et al., 2008; Mitchell, Disque, & Robertson, 2002; Tan, Passerini, & Stewart, 2007）。例如，諮商員應該向兒少案主的照顧者清楚說明：關心兒少案主的安全和讓兒少案主保有隱私之間的區別。如果兒少案主出現安全的疑慮，諮商員保證一定會告知照顧者。除此之外，作為諮商員，你通常會尊重案主的意願，為他／她保持諮商內容的機密性；並且只會與照顧者分享諮商的進展和一般資訊。但是如果兒少案主對自己或他人構成危險時，遵照法律規定和孩子的福祉，諮商員一定需要通知照顧者。基本的原則是：安全是最重要的，並且優先於孩子對隱私的渴望。

諮商員：我們需要就有關孩子諮商內容的隱私達成一個我們大家都覺得安全又安心的處理原則。我們是否同意〔孩子的名字〕在這裡可以自由表達和探索，而不必與你們（照顧者）分享每一個細節？但是如果你的孩子有安全上的疑慮，我和你的孩子會討論該如何與你們分享。而我在這個過程中會支持你們雙方。

　　當必要時，如何打破保密性的方法至關重要。保密性可以「以一種尊重和關懷的態度來解除」（Tan et al., 2007, p. 205）。在第一次晤談時，你應該向兒少案主說明，當照顧者必須參與晤談時，你一定會先與他／她（兒少案主）討論；並且在向照顧者提供任何資訊之前，你會先和兒少案主討論他／她可能會有的擔心或意見。你可以向孩子形容這個過程會像什麼、同理兒少案主對照顧者反映的擔心、探索可能的結果等，所以孩子無需過分憂慮害怕。最後再保證你會對案主提供的支持，以及你會鼓勵照顧者也對案主提供支持。

你也可以讓孩子選擇與其照顧者進行溝通。如果孩子願意嘗試與自己的照顧者進行溝通，這會催化兒少案主與照顧者之間一個新的、健康的連結。一般來說，與照顧者溝通的選項包括：

(1) 孩子直接和他／她的照顧者分享；在這種情況下，諮商員之後會再與照顧者溝通，來驗證和追蹤上述的溝通內容；

(2) 孩子和諮商員一起與照顧者分享；或者

(3) 讓孩子決定，當諮商員與照顧者分享時，他／她想或不想在場。

給予孩子選擇權，孩子更可能感受到被賦能而不是被冒犯、被背叛或被強迫，諮商關係也可因此得到加強（Sullivan, Ramirez, Rae, Razo, & George, 2002）。在第一次晤談時對此達成一致的意見，可以滿足兒少案主和照顧者雙方的需求，讓他們感到安心、相互支持、團結和放鬆，而不是焦慮、分裂或相互對立。

還應該注意的是，如果兒少案主自行要求心理治療，美國許多州給予任何年齡的兒童有獨立行使同意接受心理治療的權利，而不需要事先得到照顧者的允許；尤其當這種心理治療確定是必要，而且需要照顧者允許反而會傷害兒童的治療過程時——例如兒童被虐待的情形（MacCluskie, 2010）。在這種情況下，沒有兒少案主同意就不能向任何人透露有關治療的訊息。

B. 隱私規則

保密的另一個層面是**隱私規則**（Privacy Rule），或者是**可辨識個人健康資訊的隱私標準**，這是美國聯邦政府首次制定的一套保護個人

健康資訊的國家標準。1996 年通過的《健康保險流通和責任法案》
（HIPAA）提供案主保護有關自己健康資訊的權利，並訂定了誰可以查
看其個人健康資訊的規則和限制。**隱私規則適用於所有形式的個人受保**
護的健康資訊（PHI），無論是電子的、書面的還是口頭的。有關完整
的資訊，請參閱美國衛生與公眾服務部（U.S. Department of Health and
Human Services, n.d.）網站 www.hhs.gov。

　　在第一次晤談時，諮商員就必須和案主一起檢視、討論 HIPAA 的
法令，並提供兒少案主的照顧者一份紙本的說明；而照顧者也必須在表
格上簽名以證明已收到此 HIPAA 文本。你還應該解釋並提供一份授權
書，以允許你和其他專業人員或機構（例如學校人員、小兒科醫生等）
交換有關兒少案主的資訊。你一定要熟悉政府和機構對這類文件的要
求。

8　開始探索案主的故事並發展諮商目標

　　當互相介紹、指導原則和初步資訊都溝通清楚之後，現在可開始與
你的案主探討是什麼使他們決定前來接受諮商，並一起發展諮商的初始
目標。第一次晤談應花時間來探討案主整體關注的議題，**並理解案主希**
望達到的目標；在第 3 章會對此進行更充分的討論。即使在初次接觸時
你已經請案主的照顧者填寫初談問卷，但在第一次晤談時，你仍可以直
接詢問相關的問題，以蒐集有關案主過去和目前的資訊。**謹慎選擇你提**
出的問題，這些問題是案主開始講述他／她的故事的邀請；那些不太重
要的相關資料可從初談問卷中去了解。明智的使用這個時間以建立你和
案主之間信任的關係。

9 營造一個符合兒少案主身心發展階段的晤談空間

　　一個溫馨安寧的空間會讓孩子在此感到舒適。在營造你的辦公室空間時請考慮下列因素和項目：

- 使用溫暖、中性的色調
- 小型的家具，以配合年幼的案主
- 兒童喜歡的家具，如懶人椅、抱枕、蝴蝶椅
- 家具布置——座椅安排成鄰近或圓弧的角度；如果你有一張辦公桌，它應該是盡量隱藏在角落，而不是放在辦公空間的中心
- 毯子
- 可微波加熱的袋子或加熱墊
- 填充動物玩偶
- 畫架和顏料
- 紙張、彩色筆、蠟筆
- 白板或黑板
- 無毒黏土
- 壓力球
- 適合不同年齡兒童閱讀的書
- 提供刺激觸覺感官（如：柔軟、絨毛、光滑、糊狀等）的物品
- 玩具
- 桌遊
- 水、健康的零食

諮商員根據其個人的諮商理論訓練取向，也可以提供下列治療工具，如：

- 沙盤
- 玩偶

理想的情況是，辦公室的空間應該夠大到可以自由移動，因為兒童青少年有時較好動；較大的空間也可以進行諸如瑜伽等的身體式治療。辦公室外部、等候區或接待區應提供一個舒適安靜的休息區——播放柔和的音樂、放置各種書籍雜誌，以及一些玩具或畫畫的材料。可發出聲音的設施（如：輕柔的音樂、流水聲等）應放置在諮商員辦公室外面，以求晤談的隱私。諮商員應穿著適當——力求專業和舒適。正式的套裝對於孩子來說可能顯得不合時宜，並且讓你看起來不太平易近人；如果你預定要使用遊戲治療或瑜伽療法，當然你要穿著適於目的的服裝。

10 請準時

所有晤談都必須準時。當你預先約定的晤談是一位緊接著一位時，為了尊重所有的案主以及保持你和案主的界限，**所有晤談準時開始及結束是重要的**。如果你和案主都同意，你可以使用鬧鐘。最好使用柔和或舒緩的曲調、音樂或自然的聲音（蟲鳴、鳥叫等），來提醒雙方晤談將在指定的時間（5 或 10 分鐘內）結束。這樣案主就可以調整談話的節奏，而不會感到突兀的被結束或中斷。這樣的安排可使每個晤談都能舒服安心的結束。

11 個別化的諮商

要能進行符合你案主個人需求的諮商,意味著要能先了解他/她的年齡、身心發展階段、人格特質、開放的程度、內外向程度和舒適圈等。除此之外,Meier 與 Davis(2011)也建議考慮案主的心理成熟度、改變動機程度、社會成熟度、智商、以往的諮商經驗、過去有效和無效的策略,以及兒童理解語言的程度等參考向度。

Swift 等人(2012)建議諮商員應依照案主的偏好,微調治療型態及其行為;如提供建議與否以及是否要求做家庭作業等。研究者發現:讓案主在不同的諮商取向選擇中做決定,會促進案主對諮商參與的意願。研究者補充,案主一般而言並不了解何種治療方案會對他們有最佳的療效,此時諮商員應精簡說明各種治療模式,並與案主討論決定採取哪種治療取向或模式。 Walitzer 等人(1999)也支持此一觀點,建議諮商員應「根據臨床研究的治療方式,提供案主具有療效的清單」(p. 146)。

要與兒童青少年一起工作,意味著你必須能夠理解幼兒、青春前期的青少年和青少年各種各樣的需求;你要能和他們建立關係,也必須了解案主的文化規範和那個族群的觀點看法。你的兒少案主必須覺得你「理解」他/她,同時覺得你既是成人也是榜樣。你可能被兒少案主視為一個具關懷和有能力的成人、老師、教練、導師或領袖。最終,你必須是一位既能適應各類兒少案主且又反應敏睿的人。

鑑於兒童和青少年時期其實跨越一個頗大範圍的年齡層,而且各年齡層有多樣不同的需求和治療方法,因此,如果你對某些特定年齡階段的案主沒有把握,你不應該接受這類案主的轉介;你必須始終在你的專業訓練和能力範圍內執業。

12 合乎兒少案主的年齡和身心發展階段

當與你的案主互動時，必須以他／她可以理解的方式和符合其成熟的程度來進行。以案主可以理解的詞彙語句來進行溝通，並**常常詢問案主是否真的理解是非常重要的**。諮商員應以各種方式向案主說明和回應案主，同時要求案主用他／她自己的話語來回答你。不僅是你傾聽、反映，而且還要請你的案主向你反映他／她如何理解你所傳達的訊息。如：「這合理嗎？這對你意味著什麼？告訴我，你是如何理解我剛剛所說的？你對我剛剛所說的有什麼想法？」這種雙向的互動過程可以大幅減少彼此的誤解，並讓你能以對案主正確的了解而調整合適於他／她的諮商方式。

13 了解兒童青少年身心發展的架構

人類身心發展階段的特性在兒童早期（3 到 5 歲）、兒童期（5 到 13 歲）和青春期（13 到 21 歲）有一些重疊，並非是截然獨立的階段或類別，反而像是過渡時期、重疊的圈子或維恩圖（Venn diagrams）；年齡只是該階段的平均值。有一些身心發展是連續的、漸進的——每個階段的發展是建立在前一個階段任務的完成上。有些身心發展是不連續的，只發生在特別的階段；也就是說，其變化在本質上會與前面或後面階段完全不同。身心發展是充滿變化和成長的，但也具有其穩定性、一致性和連續性。

即使身心發展是多元面向的，包括身體、認知、人格和社會各面向的發展，但無論文化、種族或性別為何，都存在著普遍原則。然而，文

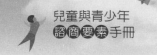

化、種族、民族和環境的差異也會決定各階段的發展任務有不同的重要性。更進一步來看，每個人的性格和特徵也有個別差異。受到上述各方力量的影響，**個體發展、成熟的速度會不同，因此會在不同時間點達到身心發展的里程碑。**

身心發展還受到以下因素的影響，這些也應該在諮商過程中特別注意：

- 族群（如原住民、新住民等）的影響
- 特定歷史運動（如 228、野百合、太陽花事件等）的環境影響
- 常態性的影響，如：青春期，對於特定年齡組的個體而言，無論是何時何地，其身心發展是相似的
- 社會文化因素的常態性影響，會因為特定個體的獨特背景（如種族或社會階層），而在特定時期呈現出產生的影響
- 非常態的生活事件——特定的、非典型的事件，如慢性疾病的影響

更多有關兒童和青少年身心發展的概述，請參考以下書籍：

- *Essentials of Life-Span Development,* Santrock (2013)
- *Human Development: A Life-Span View* (6th ed.), Kail & Cavanaugh (2013)
- *Development Through the Lifespan* (5th ed.), Berk (2009)

Bronfenbrenner（1986, 2005）更提醒，在和兒少案主進行諮商時，還要注意並探討影響兒少案主的環境層次：

- 微系統——家庭、朋友、老師的直接影響

- 外部系統──當地社區、學校、教堂、宮廟場所的一般性影響
- 宏觀系統──當時社會文化、宗教體系和政治思想的廣泛性影響

14 重視抗拒，建立工作同盟

　　雖然有些孩子喜歡有機會談話並分享他們的感受，但多數孩子是在違反他們的意願下被帶入諮商。**克服孩子對諮商的抗拒是你的工作。**諮商員「最大的挑戰是：讓孩子願意參與諮商，並要達到孩子認為是不必要或沒用的改變」（Kazdin, 2003, p. 256）。在不同發展階段的案主，會以不同的面貌表現抗拒。年幼的孩子可能會因對不熟識成人的恐懼而表現出不安的抗拒，而青少年因正在尋求獨立，因此可能會感到諮商威脅到他們的自主性而表現抗拒。青少年案主可能會覺得不被認可、被強迫、被指責、被誤解、受到威脅，因此對諮商產生怨恨或感到失去控制感。**青少年的抗拒可能反映了自主或安全的需求，諮商員必須要懂得尊重此種需求**（DiGiuseppe, Linscott, & Jilton, 1996; Fitzpatrick & Irannejad, 2008; Hawley & Garland, 2008）。因此，為案主建立一個安全舒適的心理空間，探索諮商是什麼，並允許案主保有某種程度隱私的原則，對於建立信任安全的諮商情境和減輕案主的擔心是很關鍵的。

　　Fitzpatrick 與 Irannejad（2008）探討了「改變的準備度」以及「工作同盟」在諮商過程中是如何相互作用的。他們發現：對於還沒有允諾要改變的青少年案主而言，先與他們建立感情是最有效的工作同盟；而對於已經準備好要改變的青少年案主，直接討論目標和諮商取向最能建立工作同盟關係。

　　為了建立案主和諮商員之間的連結和情感，傾聽和同理心反映是必

不可少的（Walitzer et al., 1999）。諮商員未必需要表達同意或不同意孩子的想法，但孩子需要感受到真正的被聆聽和理解。當孩子感受到被理解和認可時，信任感就會慢慢產生，進而催化開放和自由的探索。這些都會協助案主逐漸釋出解決問題的潛力、重新學習有效的因應技能，以及自行調節情緒的能力。

在回顧工作同盟的文獻時，Zack、Castonguay 與 Boswell（2007）強調治療關係對療效至關重要：弱的同盟關係幾乎可預測諮商會提前終止，而強的同盟關係則幾乎可預測案主症狀會減輕。Hawley 與 Garland（2008）在對青少年的研究中發現：「和青少年的同盟關係與治療結果具顯著相關，包括症狀的減輕、家庭關係的改善、自尊的增加，以及感受到高度的社會支持和對治療的滿意度」（p. 70）。

Vogel、Wester 與 Larson（2007）回顧有關的文獻時發現，社會烙印的羞恥感、對治療的恐懼感、害怕去面對情緒經驗、預期的風險、對自我表露的不安、社會規範和保護自尊等心理因素，都會抑制青少年尋求諮商協助的意願。他們還列出數個中介因素，如：性別、社會文化價值、治療環境和年齡等，也會讓青少年對諮商卻步。好消息是，隨著青少年年齡和成熟度的增長，諮商的羞恥感會慢慢減低（Boldero & Fallon, 1995）；當進入成年期時，對諮商的開放程度往往也會增加。然而，這可能部分取決於教育程度：「大多數關於尋求諮商協助的文獻……一致顯示，20 歲以上和接受過大學教育的人，會比較積極尋求諮商專業幫助」（Vogel et al., 2007, p. 415）。

🐦 ⑮ 看事情的全貌

　　兒童和青少年「正在發展」他們的人生——他們「正在」發現他們是誰、「正在」嘗試發展他們的個性；**很多引發成人反感的行為，實際上是兒童和青少年正常發展過程的一部分。**Kazdin（2003）整理對兒少案主治療的研究文獻指出：「對諮商員而言，決定是否開案或何時進行介入處遇是頗具挑戰性的；因為許多似乎有問題的行為，可能只是兒童和青少年發展過程中暫時的現象或困擾，而不是持續臨床損傷的跡象」（p. 256）。Steinberg 與 Morris（2001）整理近期研究青少年發展的文獻，這些研究都不採用「正常身心發展」的觀點（如：早期傳統 Erikson、Piaget、Kohlberg 理論的發展觀點）。他們進行了文獻回顧後指出：近期的研究更關注在「辨別青少年時期所顯現的問題」和「曾在早期發作並會在整個生命歷程仍持續存在的問題」之間的差別；因為很多青春期的問題行為常常在成年早期就消失了。

　　你可能曾經看過成人精神障礙症狀的文獻，但是請不要馬上將某些兒童和青少年的行為特徵診斷為成人精神疾病症狀。美國精神醫學學會（American Psychiatric Association, 2013）出版的《精神疾病診斷和統計手冊》第 5 版（*Diagnostic and Statistical Manual of Mental Disorders,* 5th ed.; *DSM-5*）中，概述了「成年期邊緣型障礙」的診斷特徵，而這些特徵似乎就是在描述一般青春期的青少年，如：

- 對外在環境非常敏感
- 對他人觀點會突然產生劇烈的變化
- 自我形象發生突然劇烈的轉變；包括對目標、價值觀和職業願望的轉變

- 情緒明顯的波動而導致的情感不穩定
- 容易感覺無聊，可能會不斷要去做一些事情（pp. 663-664）

　　許多青少年表現出上述這些特徵，然而這些特徵實際上是在兒童青少年正常發展的範圍之內。*DSM-5* 手冊也澄清：「應該要辨識的是，出現在兒童時期的人格障礙的特徵，往往不會持續在成人生活中出現」（p. 647）。

　　當然，這也不是說要完全忽視或忽略青少年可能有這些精神疾病的指標。諮商員要能了解和仔細分辨：儘管症狀混亂、時有時無，但這是正常的發展嗎？或者它是實際的發病？長時間的觀察是主要的關鍵。**諮商員必須注意症狀的發展趨勢，而不是從短暫有限的症狀現象或狹隘的角度驟下結論。**正常的身心發展並不總是穩定的、有系統的，或持續的成長或進步；它偶爾是會倒退的。兒少案主身心發展的速度差異頗大，達到里程碑的時間也有很大的差別。作為諮商員，在和兒童青少年工作時，要記得將正常青春期可能的「倒退嚕」納入，並成為你了解案主的思考架構。

●●● 本章摘要和討論 ●●●

　　營造諮商氛圍不僅重要也頗具挑戰性，並需要使用各種諮商技巧。在第一次晤談時，諮商員必須事先好好組織整理，並思考需要完成的工作事項。請考慮以下問題：

■ 在第一次晤談，我必須涵括哪些重要的層面？

　　有些諮商員認為和案主的第一次互動和晤談特別具有挑戰性。面對兒少案主和他們的照顧者，新手諮商員可能覺得很有壓力，但打破這心理障礙是必要的。用心建立信任關係並且以自然流暢的方式進行諮商晤談，諮商員和案主都會感到更放鬆。反思以下問題：

■ 諮商時的溝通技巧與其他情境的溝通技巧有何不同？

■ 建立安全信任的諮商環境涉及哪些技能？

■ 我要擁有哪些技能（以及需要增強哪些技能）才能博得案主的信任？

　　保密是諮商的一個關鍵要素，它受到諮商倫理的規範以及政府法律的約束。諮商員在諮商治療環境中必須要清楚如何為案主保密和尊重其隱私。為了幫助你運用這些資訊，**請你勤加練習如何與你的案主和其照顧者溝通諮商保密和尊重隱私的重要。**

　　依據案主的身心發展階段，將諮商個別化以滿足案主的需求也是一項相當複雜的任務。為了澄清這些概念，請反思以下幾點：

■ 在和不同發展階段的兒少案主工作時，要謹記哪些關鍵的發展因素？

■ 我要如何根據對不同發展階段的理解來調整諮商晤談的方式？

■ 和哪一個發展階段的兒少案主工作我最有把握，為什麼？

 參考文獻

American Counseling Association. (2005). *ACA code of ethics*. Alexandria, VA: Author.

American Psychiatric Association. (2013). *Diagnostic and statistical manual of mental disorders* (5th ed.). Washington, DC: Author.

American Psychological Association. (2002). *American Psychological Association ethical principles of psychologists and code of conduct.* Washington, DC: Author.

Berk, L. E. (2009). *Development through the lifespan* (5th ed.). New York, NY: Pearson.

Boldero, J., & Fallon, B. (1995). Adolescent help-seeking: What do they get help for and from whom? *Journal of Adolescence, 23*, 35-45.

Bronfenbrenner, U. (1986). Ecology of the family as a context for human development: Research perspectives. *Developmental Psychology, 22*(6), 723-742.

Bronfenbrenner, U. (2005). Ecological systems theory (1992). In U. Bronfenbrenner (Ed.), *Making human beings human: Bioecological perspectives on human development* (pp. 106-173). Thousand Oaks, CA: SAGE.

Coleman, D. J., & Kaplan, M. S. (1990). Effects of pretherapy videotape preparation on child therapy outcome. *Professional Psychology: Research and Practice, 21*, 199-203.

DiGiuseppe, R., Linscott, J., & Jilton, R. (1996). Developing the therapeutic alliance in child adolescent psychotherapy. *Applied and Preventive Psychology, 5*, 85-100.

Fitzpatrick, M. R., & Irannejad, S. (2008). Adolescent readiness for change and the working alliance in counseling. *Journal of Counseling and Development, 86*, 438-445.

Hawley, K. M., & Garland, A. F. (2008). Working alliance in adolescent outpatient therapy: Youth, parent and therapist reports and associations with therapy outcomes. *Child and Youth Care Forum, 37*, 59-74.

Huss, S. N., Bryant, A., & Mulet, S. (2008). Managing the quagmire of counseling in a school: Bringing the parents onboard. *Professional School Counseling, 11*, 362-367.

Kail, R. V., & Cavanaugh, J. C. (2013). *Human development: A life-span view* (6th ed.). Belmont, CA: Wadsworth.

Kazdin, A. E. (2003). Psychotherapy for children and adolescents. *Annual Review of Psychology, 54*, 253-276.

Knox, S., Adrians, N., Everson, E., Hess, S., Hill, C., & Crook-Lyon, R. (2011). Clients' perspectives on therapy termination. *Psychotherapy Research*, *21*(2), 154-167.

MacCluskie, K. (2010). *Acquiring counseling skills: Integrating theory, multiculturalism, and self-awareness*. Upper Saddle River, NJ: Merrill.

Meier, S. T., & Davis, S. R. (2011). *The elements of counseling* (7th ed.). Belmont, CA: Brookes/Cole.

Mitchell, C. W., Disque, J. G., & Robertson, P. (2002). When parents want to know: Responding to parental demands for confidential information. *Professional School Counseling*, *6*, 156-161.

National Association of School Psychologists. (2010). *Principles for professional ethics*. Bethesda, MD: Author.

National Association of Social Workers. (2008). *Code of ethics of the National Association of Social Workers*. Washington, DC: Author.

Orne, M. T., & Wender, P. H. (1968). Anticipatory socialization for psychotherapy: Method and rationale. *American Journal of Psychiatry*, *124*, 1202-1212.

Reis, B. F., & Brown, L. G. (2006). Preventing therapy dropout in the real world: The clinical utility of videotape preparation and client estimate of treatment duration. *Professional Psychology: Research and Practice*, *37*, 311-316.

Santrock, J. W. (2013). *Essentials of life-span development*. New York, NY: McGraw-Hill.

Steinberg, L., & Morris, A. S. (2001). Adolescent development. *Annual Review of Psychology*, *52*, 83-110.

Sullivan, J. R., Ramirez, E., Rae, W. A., Razo, N. R., & George, C. A. (2002). Factors contributing to breaking confidentiality with adolescent clients: A survey of pediatric psychologists. *Professional Psychology: Research and Practice*, *33*, 396-401.

Swift, J. K., & Callahan, J. L. (2011). Decreasing treatment dropout by addressing expectations for treatment length. *Psychotherapy Research*, *21*, 193-200.

Swift, J. K., Greenberg, R. P., Whipple, J. L., & Kominiak, N. (2012). Practice recommendations for reducing premature termination in therapy. *Professional*

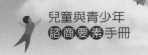

Psychology: Research and Practice, 43, 379-387.

Tan, J. O. A., Passerini, G. E., & Stewart, A. (2007). Consent and confidentiality in clinical work with young people. *Clinical Child Psychology and Psychiatry, 12*, 191-210.

Tsai, M. H., & Ray, D. C. (2011). Children in therapy: Learning from evaluation of university based community counseling clinical services. *Children and Youth Services Review, 33*, 901-909.

U.S. Department of Health and Human Services. (n.d.). *Summary of the HIPAA privacy rule*. Retrieved from http://www.hhs.gov/ocr/privacy/hipaa/understanding/summary/

Vogel, D. L., Wester, S. R., & Larson, L. M. (2007). Avoidance of counseling: Psychological factors that inhibit seeking help. *Journal of Counseling and Development, 85*, 415.

Walitzer, K. S., Derman, K. H., & Connors, G. J. (1999). Strategies for preparing clients for treatment: A review. *Behavior Modification, 23*, 129-151.

Zack, S. E., Castonguay, L. G., & Boswell, J. F. (2007). Youth working alliance: A core clinical construct in need of empirical maturity. *Harvard Review of Psychiatry, 5*, 278-288.

與兒童青少年
諮商的過程

　　基本的諮商技巧可以催化有效諮商的過程，形成同盟關係。有效的諮商介入非常仰賴這些技巧，因為這些技巧可以創造一個必要的良性諮商狀態，進而促進案主正向的改變。

16 反映為先（內容、感受及意義）

　　反映（reflecting）是最重要的諮商基本技巧之一（Harms, 2007; Ivey, Packard, & Bradford Ivey, 2007; MacCluskie, 2010; Meier & Davis, 2011; Sharpley, Fairnie, Tabary-Collins, Bates, & Lee, 2000），它具有多重目的：

- 諮商員可以藉由反映來表達對於案主的興趣、同理、了解和接納
- 讓案主感受到諮商員是在傾聽
- 讓案主感到被認可、被關心、被尊重、被認同，而且被了解
- 加強治療關係
- 鼓勵案主更多的表達，而創造了諮商的互動
- 引發雙方在諮商過程的專心投入
- 提供案主一面鏡子——讓案主有機會「看到、聽到」自己的想法、感受、行為、價值觀、解釋和結論
- 減少或消除案主對情緒的逃避、忽視或壓抑
- 提供案主機會去澄清、理解並且開始思索
- 允許案主更進一步的思考、探索感受及行為，以引發他們成長的原動力
- 協助案主獲得領悟
- 溫和的挑戰案主目前的狀況
- 澄清案主真正的意思

　　有效的反映必須以持續的、警覺的傾聽，循線追蹤案主口語和非口語的反應及可能的意義。諮商員必須能夠運用合適案主可理解的反映。**最佳的反映式傾聽，是不隨意給予勸告、不隨意表達同意或者不同意的意見，不隨意建議、教導、警告或是質問等，以便能夠促進案主內在持續不斷的自我探索。**

　　反映主要是在內容、感受和意義的層面上進行的：

- 在內容層面的反映有時候也叫簡述語意。在這裡，諮商員用非批判的態度，簡單扼要的重新表述案主口語或行為所表達的主要內容。

- 反映案主的感受主要是著重在案主的情緒層面。透過感受語詞的表達，讓案主的感受能夠更明確，因為兒少案主有時候無法清楚察覺到他們自己的內在感受。透過反映，深化了案主的覺察經驗，並了解自己目前的感受。再者，感受可能是複雜而難以面對的，諮商員運用反映情緒協助案主把各種感受的亂麻慢慢解開，對案主而言，有解脫和舒展的效果；也只有在對感受有更多的理解時，案主才會有更多情緒的表達。諮商員經由專注及觀察，也可以去反映案主的身體語言、面部表情和音調所表達出來的感受。

- 反映案主語詞表達中的意義層面，是將案主內在的意圖、價值、信念、解釋和結論反饋回去讓案主清楚的意識到。這樣的反映會催化案主的成長及領悟。

- 反映可以用這樣的方式來開頭：

「聽起來好像是……」，「我聽到你說……」，「你想知道……」

進行反映之後，最重要的是你必須回過頭來和你的案主確認你的反映是正確的，是和案主的經驗相近的。請不要認定你的反映都是正確的——你有可能是錯的！你的案主可能因錯誤的反映而覺得被誤解、不被認可，而這會損傷你們之間的諮商關係。再次確認反映的正確性不但可預防損傷關係的可能，並會促使案主更進一步的表達，而這也促使案主對自己的經驗負責，且達到賦能的效果。

🐦 17 著重感受

人類的情緒經驗是最難協商處理的。許多人很容易被情緒所打亂，不能夠有效的去面對它們；因此導致很多人用忽略情緒、貶低情緒的重要性這些無效的方式來處理。兒童和青少年正處在發展他們情緒能力的階段（MacCluskie, 2010），但是由於情緒處理本身的挑戰性，父母還有其他成人常常示範對於不舒服情緒的逃避而不自知。更甚者，當兒童和青少年在出現問題或者是在掙扎的時候，大部分的成人或者是同儕都是以直接幫助他們處理問題為主，而忽略或省略感受層面的理解，以致**兒童和青少年常顯現出在問題的認知理解和感受體驗之間的斷層**。諮商員著重在感受的接納及反映，不僅可以幫助兒少案主統整認知和情緒經驗，並可以讓他們在安全支持的諮商關係中，挑戰內在混亂的情緒，進而面對他們自己的困難。

在下面的例子中，諮商員其實可以很快進入問題解決的模式或者反映案主所說的內容。但諮商員反而選擇進入感受層面、注意案主非口語的訊息，同時反映所觀察到的感受；因此案主可以有機會去澄清並處理他所感受到的情緒。協助案主有效的處理感受，是優質諮商的要素。

案　主：我的化學考試沒有及格！依照學校規定，我今天沒有資格去參
　　　　加曲棍球比賽。我祖母開了三個鐘頭的車要來看我比賽，我父
　　　　親也說可能有一位球探要來看我的比賽。我沒有辦法跟我的父
　　　　親說我不能參加比賽！我就是不能！（不斷的搓手、皺眉，說
　　　　話的音調很高、速度很快）

諮商員：你看起來很焦慮。

案　主：我沒有辦法呼吸，我現在真的是非常恐懼。我父親一定會把我
　　　　殺了！

諮商員：你非常的害怕！

案　主：（開始哭泣）我父親在大學的時候是曲棍球好手，所以他也要
　　　　我打曲棍球。他永遠沒辦法理解（開始啜泣）……我不是那麼
　　　　好的球員。

🐦 18 摘要

　　摘要包括統整晤談的內容跟感受，協助精簡兒童或青少年的表達。
摘要案主敘述的內容可以協助案主：(1) 發現不同內容之間的關係，(2)
對於現況產生一個有意義的全貌，(3) 發現想法的不足或之間的差距，
因而協助案主看到之間不一致的地方（Smaby & Maddux, 2011）。摘
要給予兒少案主機會去擴展他們自己的觀察、領悟及敘說。Smaby 與
Maddux（2011）發現，學習諮商的學生在諮商過程中常犯的一個錯誤
是：他們通常等待太久才進行摘要，因而錯失了去認同、鼓勵和精煉對
案主的了解的機會。

　　例如，一位青少年案主向你訴說一些深深影響她的情況。她可能會

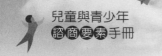

說明這事件的緣由脈絡，如：有哪些人在這起事件裡、這事件是在哪裡發生、在何時發生的等等；她也可能會解釋她對於這事件跟情況的所有想法；或者描述並呈現出跟這事件相關的感受，以及她在回憶這事件時的感受。當進行摘要的時候，你會把脈絡、感受還有認知內容全部連結在一起，這樣的摘要可以提供她一個被聽到和被看到的經驗。在下面的例子，是一位年輕運動員和她隊友之間的不快。你可以看到諮商員透過摘要，統整案主的感受和口語內容，促使案主能夠清楚的理解她跟隊友之間的互動，尤其是容易引發她不快的關鍵。這樣的摘要也協助案主能夠更進一步的領悟（Smaby & Maddux, 2011）。

案　　主：教練告訴我和莉雅，我們必須去操場碰面，然後一起做練習。我們告訴教練，我們會碰面，而且還做了承諾（案主把她的頭放在她的兩手之間，看起來很焦慮不安）。但是莉雅遲到了二十五分鐘，而且表現得好像是我逼她來做這個練習。莉雅說，實際上她不想做這個練習，她還說教練真是一個混蛋，叫我們做這些額外的練習。實際上，練習時她都沒有做對，然後還都歸罪於我（這時案主抬起頭來看我，接著又把她的頭放到她的兩手之間）。為什麼我必須是那個要和莉雅練習的人呢？為什麼？我不知道要怎麼做！我知道，假如教練知道莉雅說了這些話、做了這些事，他一定會對莉雅很生氣。

諮商員：你和莉雅都同意要進行額外的練習，但是莉雅不但遲到、不合作、不練習，還任意批評教練。這件事情讓你覺得很有壓力而且很焦慮。看起來莉雅把你放在一個很為難的位置，你不知道要說什麼或做什麼。

案　　主：是的，當我處在這些情況的時候，我常常僵住，不知道該怎麼辦。當有一些人做錯事情又不願意負責任的時候，我心裡明明知道我該說些什麼，但我就是這麼害怕，不能勇敢說出口。有時我想這個人可能會生氣，這樣我就更不會說什麼。我覺得壓力好大。

🐦 19 反映過程

反映也包括反映諮商當時的過程（Smaby & Maddux, 2011）。也就是說，在諮商過程中，正在發生的此時此刻的互動，也是重要的學習經驗。就像在下面兩者之間是有明顯的差別的：

(1) 有人向你描述瑜伽的大樹姿勢，然後要你試試看。

(2) 有人請你站起來，然後帶著你去做瑜伽的大樹姿勢。

諮商過程中諮商員即時性的反映，為案主創造了一個了解自己的絕佳機會，而且能夠即時專注於他們自己在這個時刻發生的感受。

舉例來說，諮商員和一個小學四年級的女孩進行諮商。諮商員發現每次要開始討論她父母親的離婚情況時（這也是案主被轉介的原因），案主就會說她太累了，沒有辦法繼續談，然後要求離開。這時候有效的反映應該是對於這個過程的反映，而不是著重於案主所說的內容。從下面的例子中你可以看到諮商員藉由反映過程協助案主去連結她的感受。

案　　主：我真的很累了，不想再說了，我可以走了嗎？

諮商員：麗美，我注意到當我提起你爸媽的離婚時，你就會說你累了，

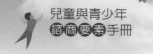

而且想要走了。

案　主：（含著眼淚點點頭。）

諮商員：我知道對你來講，這是很難過的事。這麼難過的事情，實在很
　　　　難說出來。

等到麗美願意去正視她對於父母離婚的感受時，諮商員才能和她一起去面對。例如，諮商員很可能讓麗美畫出她的感受，或者問她當她很難過的時候通常都做些什麼等等。如果諮商員只回答麗美的問題，說他們還可以談多久，或者問她是不是真的累了？那麼諮商員很可能就錯失了協助麗美正視她感受的機會。

🐦 20 說話簡要

你說得越簡要，你的案主就越有時間和空間敘說或者探索，也才能夠讓諮商有所進展。諮商員不要常常打斷案主的表達，要讓案主可以自由發揮，並且專注於他們想要說的。諮商員的工作是去催化案主的表達，而不是干擾（Harms, 2007; Ivey et al., 2007; Meier & Davis, 2011）。運用最基本的鼓勵，如點頭或者口語的接納（例如：嗯哼），可以讓案主了解你是專注的、在傾聽的，你不會刻意打斷或是指使他／她（Harms, 2007; Ivey et al., 2007; MacCluskie, 2010; Meier & Davis, 2011; Sharpley et al., 2000）。最精簡的鼓勵其實就是請案主繼續分享他們的經驗、想法跟感覺。

21 允許並善用沉默的時刻

在一般的社交場合，當大家都同時安靜下來的時候，我們通常都會有衝動去說些什麼；但是在諮商的情境中，沉默可能是非常有價值的。就像我們上面所說的，精簡我們的話語對案主來說是很重要的，因為它讓案主有表達的空間。如果諮商員不假思索、急促的打破一個沉靜下來的對話，可能阻斷了案主對自己的想法、感受的沉澱，並且阻止他／她再進一步的把這些沉思的結果表達出來。「沉默」允許案主有時間反思，並能導致案主的自我覺察跟成長。你在初期學習運用沉默時可能覺得非常不自然，但是如果不能學習如何有效的運用沉默，你可能就忘了諮商的真正目的。除此之外，如果案主不能「完成」他／她的沉思，你也可能會增加誤解案主訊息的機會（Harms, 2007; MacCluskie, 2010; Sharpley, Munro, & Elly, 2005）。

根據 Sharpley 等人（2005）對於沉默和信任感的研究，發現在諮商歷程中，沉默的時間和信任感是成正比的。這個研究發現：「當諮商員用許許多多問題來填滿沉默時刻的時候，不見得會促使信任感產生或者是形成諮商的同盟關係。應該把沉默看成是諮商互動的一個部分，而不是缺少互動。」（p. 158）這個研究也發現，當沉默由諮商員開始，並由案主終結；或者沉默都由案主開始或終結，均有助於諮商信任感的建立。

22 使用開放式問句

開放式問句很難用「是」或「不是」來回答，也很難用一句話來回

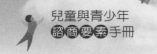
答，所以開放式問句可鼓勵案主有更多的表達、闡述跟說明；也可引發說明特定的例子，進而催化和案主的溝通。開放式問句可以是明確的問句，譬如說：「當莉雅跟你說教練是一個混蛋時，你是如何回應莉雅的？」開放式問句也可以是一個敘述句，它內含一個要求回應的句型，譬如說：「多告訴我一些你跟莉雅的關係。」開放式問句如果能夠有效的運用，可以讓兒少案主得到領悟，進一步的思考與處理感受。更具體來說，「如何」的問句通常會引發對於情感的討論，而「什麼」的問句會導致對目前議題實際情況的討論（Smaby & Maddux, 2011）。

開放式問句通常也可以有效的引發改變（Arkowitz, Westra, Miller, & Rollnick, 2008），「動機式晤談」（motivational interviewing, MI）就常常運用這類問句。這些特別的用語甚至可以推進案主付諸行動。譬如說，諮商員可能問：「你想為什麼別人會擔心你喝酒？」或者是：「如果你不改變，最壞的情況會是什麼呢？」這類問句通常具有某種程度的面質性（confrontational）。諮商員運用此類型的開放式問句，是為了要促使案主對於目前的情況更加注意，同時創造案主改變的動機（Arkowitz et al., 2008）。

開放式問句的例子包括：

• 請多告訴我一些你和莉雅之間的關係。

• 如果你不需擔心她的反應，那麼你會如何做呢？

• 當莉雅遲到的時候，你的感覺是什麼呢？

• 你希望目前的情況有什麼不一樣的改變嗎？

• 是什麼使你想要對於目前的情況做出改變？

• 如果你告訴莉雅你的感受，你想情況會有什麼不同？

• 如果你現在告訴莉雅你的感受，你想六個月後，事情會變成怎麼

樣呢？

- 如果你決定要做出改變，你會做些什麼？
- 如果你決定要改變，你想像中最好的結果是什麼？

23 有效但謹慎的面質

諮商員須謹記：要進行具有批判性的回饋或面質時，你必須先運用支持、認可和鼓勵的反映及敘述。支持、認可和鼓勵的敘述可以為諮商關係建立一個信任跟接納的氛圍。請參考下面的例子：

- 認可的敘述：

  「當朋友不願意為他們自己的行為負責任的時候，真有壓力。」

  可以幫助案主感到被看見而且被了解。

- 支持的敘述：

  「你在學習如何面對情緒上，有很多的進步！」

  可以反映案主的成功，並且強化案主的自我效能感。

- 鼓勵的敘述：

  「我有個感覺，如果你繼續這樣努力，這次你會成功的！」

  可以幫助案主感到希望和可能性。

上面這三種敘述為成功的諮商面質奠定了強而堅定的基礎，因為這些敘述可以減低案主的防衛性，讓案主進入一個比較開放的諮商關係。

為了說明「具有支持性」和「不具支持性」面質的分別，請看下面的例子。「不具支持性」的面質看起來像是如此：

諮商員：這三個禮拜來你都遲到 15 分鐘。

案　主：我知道，我很抱歉！我老是碰到交通阻塞，每一次都好像有交通事故（說謊）。

下面是「具有支持性」的面質：

諮商員：慕喬，一直以來我看到你是多麼努力的想要了解自己憤怒的情緒，還有你父親酗酒的問題（支持）。去談這些你曾經經歷的傷痛實在是非常的不容易（認可），我也知道你很努力去了解你跟酒瓶的關係。當你願意做對身體比較健康的選擇時，我看到你的生活開始有了美妙的變化（鼓勵）。我了解每個禮拜都要過來談這些挑戰有些困難（認可）。不過，你這三個禮拜來都遲到 15 分鐘，我很想知道原因。

案　主：我知道，很抱歉！每次當我開始準備要來諮商時，就會發現有很多其他的事要做。我喜歡跟你談，但是跟你談往事有時實在太痛苦，甚至過了好幾天之後還是如此。老實說，有時候我甚至不想來。

諮商員：你願意如此坦誠實在不容易，需要很多勇氣啊（認可）！我希望設定一個能讓你準時來談的目標，然後一起想辦法使晤談讓你不覺得那麼難受。你覺得如何？

　　如能在面質前先運用支持和認可，案主通常比較不會有那麼強烈的自我防衛反應。在上面的例子，案主的反應提供諮商員進一步去探索案主的壓力忍受度和調節情緒技巧的機會。兩者都是有效減低案主對成癮

物質依賴的重要參考線索。

24 使用適合於兒少案主發展階段的語言

　　與兒少案主互動時必須參照孩子的年齡發展階段，以及這個孩子的獨特能力。有效的溝通才能夠導致真正的理解。永遠細緻的評估你兒少案主的認知程度，運用適合於他們認知程度的方式來溝通。如果你不能參照孩子認知的程度和他們目前抽象思考的能力程度來跟孩子溝通，你的案主可能沒辦法了解你的意思，甚至會感到混淆。

　　心理發展學家 Erikson（1964）、Piaget（1962）和 Vygotsky（1962）都辨識出年幼孩子仍缺乏語言熟練度和抽象思考能力的現象。兒童通常還沒有辦法做意義的自我覺察，或者了解程度複雜的感受、想法和事件。**由於兒童缺乏細緻思考和抽象推理的能力，所以運用具體的溝通方式是必要的**（Erdman & Lampe, 1996）。以下是孩子認知發展階段的一些特徵，你必須謹記在心：

兒童前期

- 前運思階段（2 至 7 歲）：這個時期的孩子開始可以使用字詞、圖像和圖畫來指稱這個世界。即使當他們的語言和思考慢慢的發展細緻，他們仍然傾向於用非常具體的方式來思考事情。他們仍是自我中心的，而且不太容易用別人的觀點來看事情。從 4 歲到 7 歲，孩子開始會有一些原始而簡單的推理思考（Piaget, 1962）。
- 當碰到問題的時候，學齡前的孩子會自言自語；在國小階段則慢

慢從外在移轉到個人內在的自我對話（private speech）。孩子開始內化語言，並運用自我對話來規範自己（Vygotsky, 1962）。

- 在這個階段可以看到孩子增加情緒語言的使用，開始理解情緒、感受的起因跟結果，甚至有能力反映情緒。這時可以觀察到孩子開始逐漸覺察他人可能有不同的感受，而且可能在同時有各種不同複雜的情緒（Kuebli, 1994）。

兒童期

- 具體運思時期（7 到 11 歲）：此一時期認知思考方式逐漸變得複雜。雖然仍是具體的思考方式，但是越來越有邏輯組織。孩子在這個時期可以開始了解人際間的關係，而且會用歸納邏輯推理；也就是具有從特定的資訊去歸納出一般原則的能力（Piaget, 1962）。

- 在語言的發展上，字彙、句法、文法的使用熟練度增加。語言的發展會協助孩子控制他們自己的行為（Santrock, 2013）。

青少年期

- 形式運思時期（11 歲及以上）：此時期抽象思考已逐漸產生。青少年開始可以用抽象的方式來思考，越來越多演繹邏輯推理，甚至理想主義的思考。到青少年後期，以上這些思考認知能力都已經形成了；他們已具備思前想後以及預測可能結果的能力（Piaget, 1962）。

- 青少年也開始思考更多有關道德的、哲學的、倫理的、社會的、政治的議題，這些都需要具有理論跟抽象推理能力（Santrock, 2013）。

關於更詳細的兒童和青少年發展，請參考人類發展的教科書或參考資料，如：*Essentials of Life-Span Development*（Santrock, 2013）。此外，Meier 與 Davis（2011）建議，諮商員應該和案主慣於使用的語言形式和結構同步；也就是了解兒少案主相關的文化、社會規範、經驗和他們主要關切的議題（如：青少年對社群媒體的運用），絕對有益於諮商關係。

25 要具體

與兒少案主溝通時，除了要注意案主心理發展階段之外，另外一個很重要的技巧，是協助你的案主了解並處理複雜糾結的感受和想法。其實這對任何年紀的人而言都是困難的。感受基本上是非口語的，所以在和兒童青少年一起工作的時候，讓感受和想法能夠具體化是很重要的起始點。協助兒童青少年辨識他們生理的感受，也可以幫助他們了解自己的情緒感受。

諮商員：你身體的哪個部位會感受到你的生氣？那是怎麼樣的感覺？

案　主：我生氣時雙手的拳頭會緊緊握在一起。我的手臂、我的胃也都會感覺到這個怒氣，還有我全身都發熱。

諮商員：所以你感覺到你的手、你的手臂、你的胃都在生氣，甚至你身體的溫度也是。

案　主：是啊，我想我的臉是不是也漲得紅紅的。

「情緒圖」可用來幫助孩子辨識他們的感覺，這會讓他們具體而明

顯的體驗感受。讓案主去形容他們腦中的圖像也可以提供案主一個直接把糾結的情緒表達出來的方式。Stone、Markham 與 Wilhelm（2013）發展了一個非語言的情緒圖像工具（Pictured Feelings Instrument, PFI）來協助兒少案主表達及認識各種不同的情緒。這個工具已經證明對兒童和成人都具有信效度，並以不分年紀、性別、種族都適用的方式設計出來，所以它在不同的文化或不同的年齡層都可以使用。

對於年紀稍長的青少年，撰寫札記可以協助他們釋放、探索、反映或規範他們的情緒反應，而這些也可變成案主和諮商員之間溝通的工具（Pennebaker, 1997; Stone, 1998）。那些不能或不願書寫的案主，也可作聲音札記或是錄自己的故事。對能閱讀的案主給他們看自己敘說的逐字稿，這些都是極具影響力的（Stone, 1998）。要提醒的是，Ullrich 與 Lutgendorf（2002）在他們的研究發現：在寫札記的時候，那些完全把焦點放在負面情緒表達的人，會比另外一組除負面情緒的抒發外也思考正向情緒的人，報告更多的生理疾病症狀。因為後面這個小組的人，他們會努力嘗試去了解壓力事件，進而察覺到這些壓力事件中正向有益的經驗。

26 運用與兒少案主能力相符的策略或技巧

我們很可能會簡單的認為，配合孩子的年齡或年級來進行諮商就行了。然而我們必須了解，當問題充滿了情緒和挑戰時，個體處理問題的能力可能會退化，以致常表現低於他們年齡可以處理事情的能力（參見 Cook-Cottone, 2004）。也就是說，當面對困難時，兒少案主很難以他們最佳的能力或技巧來處理問題。對於兒童青少年而言，他們

描述每一天生活經驗的字彙比較多，相對的，情緒的字彙還是比較少（MacCluskie, 2010）。透過諮商的經驗，兒少案主會學習到如何把字彙和他們的情緒經驗配對起來，如此他們才能夠更有效的表達自己。因此諮商員要能運用符合兒少案主目前處理情緒的能力和案主互動。這對新手諮商員而言也是一個學習的旅程。

案　　主：我媽媽有時晚上都很奇怪，她會說好多次我愛你，有時候講話都顛三倒四的，也不清楚；有時候她一邊和我說話就睡著了。我爸爸說她和酒有一些問題，我不知道那是什麼意思（案主是一位 14 歲資優班的學生）。

諮商員：我這裡有一本書，內容在說一個孩子他在有酒癮的父母親養育下長大的故事。我在想我們是不是可以一起念這本書。我想你會在這個故事中看到很多和你相同的經驗。看完之後，有些事你也許更能夠理解。

　　故事描繪了孩子在一個酗酒的家庭中長大的重要過程，還描繪一些孩子可能可以去認同的情境（Black, 1997）；這是對年幼孩子典型的策略。在一般的情況下，一個 14 歲的青少年不會去念一本為年幼兒童所寫的故事；但是對這位青少年而言，他在面對母親酗酒的問題上，他應有的理解處理能力似乎低於他的年齡。總而言之，為了增加孩子的自我覺察跟成長，當孩子對於事件的理解或相關情緒的覺察似乎低於他應有的能力時，用最基本的方式來協助孩子——藝術、故事、音樂、隱喻等具體方式都是好的介入方法。諮商需要以符合孩子的心理發展層次來進行，而不是他的實際年齡。

27 當談話無效時，畫畫或玩遊戲

　　遊戲是一個自然、享受、滿足的活動，可以提供孩子表達、實驗、探索、社會互動以及紓解多餘精力的機會。在諮商過程，兒童或青少年可能還沒有辦法用口語來清楚表達他們的想法和感受，而年幼的兒童更可能還沒有發展出足夠的認知能力來覺察自己。Erikson（1964）、Piaget（1962）、Vygotsky（1962）都相信，遊戲是兒童表達的一種自然模式，而且可以幫助年幼兒童認知上的進展。年紀大一點的兒童和青少年，他們有較多的語言技巧，但是仍然可能找不到適當的字彙來表達他們內在的經驗，或是不覺得可以安全的表達。**因此，當傳統的「談話諮商」沒有效果時，遊戲或藝術可為兒童青少年打開一扇通往他們內在自我的門，協助他們安全的去探索、溝通、解決內在的掙扎跟衝突。**

　　遊戲治療有豐富的歷史，而且很多研究都已經證實它是適合孩童發展階段的有效治療方式。一個在 2005 年發表的後設分析研究檢視了 93 個研究後發現：對於有各種行為或情緒議題的孩童，遊戲治療被證實是一個有效的介入方式。除此之外，遊戲治療也可以幫助兒童青少年練習能力和技巧、練習認知結構、增進創造性的思考、安全的探索並尋找新的訊息、掌握焦慮跟衝突等。透過遊戲治療，諮商員也可以分析孩子的衝突以及因應的方式（Bratton, Ray, Rhine, & Jones, 2005）。

　　為 3 到 10 歲孩子所設計的遊戲治療，例如：非指導性的、精神分析、榮格學派、完形學派、沙遊，以及兒童中心遊戲治療（Child-Centered Play Therapy, CCPT）等，都可透過正式的訓練而獲得。兒童中心遊戲治療是以 Carl Rogers（1942）的個人中心治療理論發展出來的。這個取向的基本信念是：孩子內在有一個自我成長、自我導向的療

癒能力；所以個人中心治療理論的同理心、接納、無條件的正向關心，都是兒童中心遊戲治療的特徵。這個取向著重在孩子的經驗，以及孩子實質的內在和外在改變的能力。兒童中心遊戲治療的諮商員允許孩童自由的玩，他們因此能自在表達他們內在的世界。這個策略提供孩童往自己優勢的方向發展生存，並且增加孩童為他們的行為自我負責的機會（Axline, 1947; Landreth, 2012; Landreth, Baggerly, & Tyndall-Lind, 1999）。一個最近的研究（Bratton et al., 2013）發現，兒童中心遊戲治療對具有侵略性或者是在教室有干擾行為的學前兒童，具有顯著的改進效果。這些研究都強調，運用兒童中心遊戲治療進行早期介入，可以防止孩子在生長過程中發展出更嚴重的傷害性行為。

　　榮格遊戲治療（Jungian Play Therapy, JPT）的一個重點原則是：孩童在遊戲中所感受的安全感和不具威脅性的經驗，可以讓孩童統整他們過去丟失的自我部分，而形成一個較完整的心理自我（Jung, 1973）。榮格認為，畫畫或為曼陀羅（mandalas）塗上顏色，可以創造一個輕鬆安寧的狀態，進而引發對自我意義的發現。這些活動，使案主安全的去發現他「失聯」的自我部分。Green、Drewes 與 Kominski（2013）這群學者嘗試對有過動症狀（ADHD）的男性青少年應用畫畫及曼陀羅塗色活動，協助他們減低焦慮及壓力。Green 等人說明，這個反思取向的遊戲治療是「著重在自我規範，注意此時此刻，並以開放接納的態度來看個人的經驗」（p. 160）。榮格的反思取向，如畫畫，可以增進自我覺察、自我表達、衝突的解決和療癒。

　　榮格遊戲治療運用反思性的畫畫，任案主高興的塗鴉，以引發他們內在的聲音。Driessnack（2005）的後設分析研究發現：在許多小兒科心理診所用這樣的畫畫催化初談，結果發現畫畫可以催化兒童的口語表

達。這發現是非常重要的，尤其當孩童有困難以口語表達時，畫圖是一個絕佳的媒材。Driessnack（2005）認為：「畫圖可提供一個進入孩童世界的入口，而不只是當時曇花一現的理解而已。」（p. 416）

另外，在 Eaton、Doherty 與 Widrick（2007）的後設分析研究發現：在各種不同的情境脈絡之下，將藝術治療運用在受創傷的孩子，均能成功達到治療的效果。藝術治療對孩子比對成人具有療效，可能是因為孩子比成人更能融入想像世界。當孩子不太容易用口語表達經驗、記憶、感受時，藝術治療的過程是孩子一個絕佳的表達管道。藝術治療，讓諮商員以孩子的自然語言來和孩子溝通；對孩子而言，也創造了一個賦能和安全具有療效的空間。

在藝術治療諮商過程，鉛筆畫、塗色、水彩畫、黏土是最常用的材料。Eaton 等人（2007）建議，當諮商的關係慢慢發展之後，讓孩子開始用自己的作品來講故事，如此諮商員可以有機會去催化孩子對故事的詮釋。「當故事慢慢展開的時候，幻想跟事實會逐漸分開，兒少案主會開始自我發現並具有宣洩的效果，這可以協助孩童面對創傷的事實以及創傷的情緒。」（p. 256）

其他的表達性治療包括音樂、戲劇、舞蹈、律動和寫自傳。Malchiodi（2005）指出，每個人都有不同的表達和學習方式；運用案主最喜歡的表達方式，可以催化與案主的溝通，因為那是最真誠而有效的。

諮商員要能夠有效實施表達性治療，接受正式訓練不僅是重要而且是必需的。正如 Carson 與 Becker（2004）所指出（引自 Malchiodi, 2005），他們認為表達性治療是諮商情境中一個最具創造性的部分；它允許諮商員對案主彈性運用不同的技巧及反應，並在諮商過程中鼓勵

創意。Gladding 與 Newsome（2003，引自 Malchiodi, 2005）的研究發現，有時候請案主「速」描可以讓抗拒的案主往前推進，尤其是當談話治療無效的時候。不同的諮商理論，如：精神分析、客體關係、認知行為、人本、超個人等，都會運用某種程度的表達性技術來進行治療。如果諮商員還沒有受過正式遊戲治療和藝術治療的訓練，可以簡單的應用遊戲或者是畫圖來幫助孩童放鬆下來；也可運用有創意的想像力，以發展出治療的關係和療癒的環境氛圍。

　　當考慮是不是適合運用遊戲或者是藝術治療來幫助一些特殊的案主時，Kool 與 Lawver（2010）建議：「非常年幼或心智發展遲緩的孩子可能不適合用遊戲治療；而青少年也可能不習慣遊戲治療，他們比較喜歡像成人一樣的被對待。」（p. 19）總之，諮商員必須探索案主想「玩遊戲」或希望以口語談話，來決定是否應用遊戲治療。

🐦 28 利用故事和比喻

　　故事和比喻（metaphor）可用來協助兒少案主理解他們的情緒經驗和問題。Sunderland（2000）認為口語不是孩童表達感覺的語言，她認為圖像和比喻才是孩子表達情緒感受的自然語言。對很多兒童青少年而言，理解感受和經驗是有困難的。兒童和青少年知道他們有很多的感受，也了解他們經歷的是重要的，必須要去面對，但是他們卻沒有辦法去解決問題，因為他們缺少去理解到底發生什麼事的能力；而故事和比喻創造了這個理解的橋梁。故事和比喻可以做兩件事情：第一，提供兒少案主和情緒保持距離的空間，所以案主反而可以去理解思索事件；第二，提供一個概念的橋梁來理解那個不容易了解的情境。

　　作者（CCC）創作了一個故事來教導孩童如何在學校處理憂慮。一些概念，像：「放手」、「容許你有不好的感受」、「接受你的情緒經驗」等，不只是孩子，甚至成人都難以理解。為了說明「放手」及「接受焦慮」，作者提供了比喻，告訴孩子一個「憂慮樹」（*The Worry Tree*）的故事（請參見 theyogabag.blogspot.com）。憂慮樹是一株很強壯的樹，它的存在是為了承受孩子的憂慮。孩子只需要把他的憂慮拿去給憂慮樹、託付給憂慮樹，然後憂慮樹的樹枝就會垂下來，用樹葉把孩子的憂慮全部包裹起來。憂慮樹會為這個孩子保管這個情緒，直到孩子準備好去面對這個憂慮。憂慮樹會因為孩子託付的榮耀而長得很強壯，所以孩子們不用為憂慮樹擔心。在諮商晤談時，諮商員和孩子可以一起畫這棵樹，孩子練習把他／她的憂慮放在樹的樹枝上。之後當孩子準備好的時候，就可以去選擇要把哪一個憂慮從憂慮樹那邊拿回來。

　　坊間有很多以故事或比喻為基礎所設計的工具可以用於諮商。譬如對於強迫思考或強迫行為障礙的兒少案主，《爬上爬下憂慮山丘》（*Up and Down the Worry Hill: A Children's Book about Obsessive-Compulsive Disorder and Its Treatment*, Wagner, 2004）和《威爾和渥比立房子》（*Will and the Wobbly House*, Sunderland & Armstrong, 2000）這兩本書都是很好的選擇。除此之外，有好幾個出版商專門為孩子發行心理治療書籍，如：Magination Press（www.apa.org/pubs/magination/），是美國心理學會（APA）的一個分支，他們出版的書籍都是由心理學專家或兒童治療師所撰寫。出版這些書籍的目的在幫助孩子了解他們的情緒、提供相關議題或情境的資訊，以及一些實際有效的因應策略。對於如何運用說故事來協助孩子，請見 Sunderland（2000）的書。

本章摘要和討論

　　諮商的過程是由數個主要的諮商技巧所組成，諮商員必須要好好練習並且精熟這些諮商技巧。請你針對下列各個不同的諮商技巧進行反思，以幫助你更深化和內化這些技巧。請思考並回答下面的問題：

■ 討論如果你沒有花時間去反映，會失去什麼？

■ 分享一個你曾經有效「摘要」的經驗。

■ 請為你的兒少案主擬出一系列有效的開放式問句清單。

■ 你認為在進行諮商面質之前，先給予支持和認可有多重要？請你分享一些例子。

■ 回想在你的諮商經驗中，曾經有案主不了解你的意思的時候嗎？你是如何知道的？後來的結果是什麼？

■ 在諮商過程中，你能想到一些可以比較具體溝通的方法嗎？

■ 如果你沒有遊戲治療的正式訓練，你如何在諮商過程有效的運用遊戲？

■ 搜尋一些你可以接受遊戲治療和藝術治療訓練的地方，然後考慮參加這些訓練以增強你的技巧。

■ 進行角色扮演，以體會反映內容（或簡述語意）、反映感受、反映意義之間的差別。

■ 什麼時候你會運用不同類型的反映？為什麼？

■ 簡要的說，你認為相對於案主，你應該說多少？案主應該說多少？你是依據什麼來作這決定的？在什麼情況下這種情形應該互換？

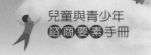

■ 你對於沉默的反應是什麼？在對話過程中，沉默會引發你什麼樣的感
　受？

■ 相對於和朋友、和父母、和老師、和你的諮商員，當你和案主在晤談
　時出現了沉默的時刻，那時你的感覺會有何不同？

參考文獻

Arkowitz, H., Westra, H. A., Miller, W. R., & Rollnick, S. (2008). *Motivational interviewing in the treatment of psychological problems*. New York, NY: The Guilford Press.

Axline, V. (1947). *Play therapy*. New York, NY: Ballantine Books.

Black, C. (1997). *"My dad loves me, my dad has a disease" –A child's view: Living with addiction*. San Francisco, CA: Mac Publishing.

Bratton, S. C., Ceballos, P. L., Sheely-Moore, A. I., Meany-Whalen, K., Pronchenko, Y., & Jones, L. D. (2013). Head start early mental health intervention: Effects of child-centered play therapy on disruptive behaviors. *International Journal of Play Therapy, 22*(1), 28-42.

Bratton, S. C., Ray, D., Rhine, T., & Jones, L. (2005). The efficacy of play therapy with children: A meta-analytic review of treatment outcomes. *Professional Psychology: Research and Practice, 36*, 376-390. doi:10.1037/ 0735-7028.36.4.376

Cook-Cottone, C. P. (2004). Using Piaget's theory of cognitive development to understand the construction of healing narratives. *Journal of College Counseling, 7*, 177-186.

Driessnack, M. (2005). Children's drawings as facilitators of communication: A meta analysis. *Journal of Pediatric Nursing, 20*, 415-423.

Eaton, L. G., Doherty, K. L., & Widrick, R. M. (2007). A review of research and methods used to establish art therapy as an effective treatment method for traumatized children. *The Arts in Psychotherapy, 34*, 256-262.

Erdman, P., & Lampe, R. (1996). Adapting basic skills to counsel children. *Journal of Counseling & Development, 74,* 374-377.

Erikson, E. (1964). *Childhood and society.* New York, NY: Norton.

Green, E. J., Drewes, A. A., & Kominski, J. M. (2013). Use of mandalas in Jungian play therapy with adolescents diagnosed with ADHD. *International Journal of Play Therapy, 22*(3), 159-172.

Harms, L. (2007). *Working with people: Communication skills for professional practice.* New York, NY: Oxford University Press.

Ivey, A. E., Packard, N. G., & Bradford Ivey, M. (2007). *Basic attending skills* (4th ed.). Alexandria, VA: Alexander Street Press.

Jung, C. G. (1973). *Mandala symbolism* (2nd printing, R. F. C. Hull, Trans.; Bollingen Series). Princeton, NJ: Princeton University Press.

Kool, R., & Lawver, T. (2010). Play therapy: Considerations and applications for the practitioner. *Psychiatry, 7,* 19-24.

Kuebli, J. (1994). Young children's understanding of everyday emotions. *Young Children, 49,* 36-48.

Landreth, G. L. (2012). *Play therapy: The art of the relationship* (3rd ed.). New York, NY: Routledge.

Landreth, G. L., Baggerly, J., & Tyndall-Lind, A. (1999). Beyond adapting adult counseling skills for use with children: The paradigm shift to child-centered play therapy. *The Journal of Individual Psychology, 55,* 272-287.

MacCluskie, K. (2010). *Acquiring counseling skills: Integrating theory, multiculturalism, and self-awareness.* Upper Saddle River, NJ: Merrill.

Malchiodi, C. A. (2005). *Expressive therapies.* New York, NY: Guilford.

Meier, S. T., & Davis, S. R. (2011). *The elements of counseling* (7th ed.). Belmont, CA: Brookes/Cole.

Pennebaker, J. W. (1997). Writing about emotional experiences as a therapeutic process. *Psychological Science, 8*(3), 162-166.

Piaget, J. (1962). *Play, dreams, and imitation in childhood.* New York, NY: Norton.

Rogers, C. R. (1942). *Counseling and psychotherapy.* Boston, MA: Houghton Mifflin.

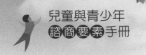

Santrock, J. W. (2013). *Essentials of life-span development*. New York, NY: McGraw-Hill.

Sharpley, C. F., Fairnie, E., Tabary-Collins, E., Bates, R., & Lee, P. (2000). The use of counselor verbal response modes and client-perceived rapport. *Counseling Psychology Quarterly, 13*(1), 99-116.

Sharpley, C. F., Munro, D. M., & Elly, M. J. (2005). Silence and rapport during initial interviews. *Counseling Psychology Quarterly, 18*, 149-159.

Smaby, M. H., & Maddux, C. D. (2011). *Basic and advanced counseling skills: The skilled counselor training model*. Belmont, CA: Brooks/Cole, Cengage Learning.

Stone, B. A., Markham, R., & Wilhelm, K. (2013). When words are not enough: A validated nonverbal vocabulary of feelings (Pictured Feelings Instrument). *Australian Psychologist, 48*, 311-320.

Stone, M. (1998). Journaling with clients. *The Journal of Individual Psychology, 54*(4), 535-545.

Sunderland, M. (2000). *Using story telling as a therapeutic tool with children*. Oxon, England: Winslow.

Sunderland, M., & Armstrong, N. (2000). *Willy and the Wobbly house*. Bicester, England: Winslow.

Ullrich, P. M., & Lutgendorf, S. K. (2002). Journaling about stressful events: Effects of cognitive processing and emotional expression. *Annals of Behavioral Medicine, 24*(3), 244-250.

Vygotsky, L. S. (1962). *Thought and language*. Cambridge, MA: MIT Press.

Wagner, A. P. (2004). *Up and down the worry hill: A children's book about obsessive-compulsive disorder and its treatment*. Mobile, AB: Lighthouse Press.

協助自我覺察和
成長的策略

這一章將呈現影響兒童青少年自我覺察和成長的諮商要素。當兒童逐漸長成青少年、成年人後，他們反映自己想法和行為的能力開始發展（Sebastian, Burnett, & Blakemore, 2008; Weil et al., 2013）。年幼的孩子會需要一些額外的支持和引導來幫助他們反映自己的情緒經驗，以發展出對自我的了解；而自我規範的成長依賴此種察覺。一個好的諮商員會在兒童青少年被支持的需要，以及尋求獨立自主的需要之間求取平衡。動機式晤談（MI）、自我決定理論以及兒童青少年諮商，提供各種獨特的技巧鼓勵兒童青少年的自我成長和改變（例如，Erickson, Gerstle, & Feldstein, 2005）。催化兒童青少年自我覺察與成長，和諮商員做什麼或不做什麼相關聯（Meier & Davis, 2011），這一章會提示一些諮商員積極作為的關鍵要素。新手諮商員需要理解：有時諮商員不過度採取積極行動時，反而會為兒童青少年創造出一個體驗的空間，並因此增加他／她對自我的覺察——而這也是兒童青少年成長與改變的關鍵基礎。

29 反映並給案主時間去思考處理（做或不做）

大部分的諮商員訓練會回顧「反映式傾聽」和「動機式晤談」（MI）的技巧。動機式晤談的架構概括同理的關係、案主的覺察和接納目前的狀況為改變動機的基礎。反映式傾聽是用來創造同理的關係、提供覺察和接納的工具。反映兒童或青少年對你的訴說會傳達出你對他們的接納、理解和認可（Erickson et al., 2005）。自我感（也就是自我概念）和自我覺察，可透過反映兒童或青少年如何被別人看見的經驗而提升（Sebastian et al., 2008）。在諮商過程，如果諮商員很快的進入問

題解決或運用介入處遇的技巧，兒少案主可能喪失了一個自我覺察、自我了解的機會；而這些經驗對於自我成長是非常寶貴的。下面的例子說明了諮商員很快就進入教導案主有效的因應技巧，但可能因此錯失了去反映案主和容許案主自我察覺和成長的機會。

案　　主：我不能忍受另外一個焦慮的來襲，我就是不能……

諮商員：我來教你一些有效的呼吸方法，當你感到焦慮恐慌時，你就可以幫助自己。

　　的確，呼吸技巧對於減低焦慮的症狀是快而有效的（Velting, Setzer, & Albano, 2004）；不過用心的諮商員了解建立同理關係，還有增強案主自我察覺和自我了解的強大力量，因此會選用不同的方式和案主互動。

案　　主：我不能忍受另外一個焦慮的來襲，我就是不能……

諮商員：聽起來你已經達到你的極限，焦慮真的讓你受不了了！

案　　主：是啊……我不知道什麼時候焦慮會來……好像每一次當我正準備要做些什麼的時候，它就來了……我沒有辦法跟我的朋友一起做任何事情，沒辦法做功課，有時候甚至沒辦法打電話……

諮商員：每當你要做一些事情的時候，焦慮就會來拜訪。

案　　主：是啊……有這麼多事情我想要做……每當我做……

　　在這裡你可以看到，反映讓諮商員更能了解青少年的症狀。首先，對於「焦慮什麼時候會來襲」的實質了解，可以辨識何時讓呼吸技巧在

需要的時候運用。其次，案主本身的自我覺察，強化了案主的自我效能感而提供了一個內在改變的動機（Vansteenkiste, Williams, & Resnicow, 2012）。

反映案主的主要方式包括（MacCluskie, 2010）：

- 重複關鍵字（案主「強調的口語表達」字句）（p. 87）
- 用比較長的句子重述案主的敘述
- 完全重述案主的敘述
- 簡述案主所說的，並且強調主要的關鍵點
- 運用下面這些語句，如：「聽起來好像是……」、「我聽你說……」、「事情好像是……」
- 抓住並反映案主述說裡的感受
- 給案主空間思考，以引發案主的自我覺察

30 避免快速給予建議

建議或勸告在事件處理的後期可能是一個有用的方式，但是在諮商晤談一開始就給建議會產生一些不利的結果——案主會因此錯失成長的機會，且非治療性的依賴會因此而增長（Anderson & Handelsman, 2010; Meier & Davis, 2011）。

案　主：我不能忍受另外一個焦慮的來襲，我就是不能……
諮商員：你試過深呼吸嗎？

在這裡，諮商員問案主是否試過深呼吸，實際上是在告訴案主，深

呼吸是一個可以嘗試的好方法（Meier & Davis, 2011）。的確，深呼吸對減低焦慮是有效的方法（Velting et al., 2004），但是如果諮商員能夠運用其他技巧，如：反映，會給案主探索的時間，並且創造案主自我發現的空間；藉此創造了強化案主自我覺察和獨立自主的成長機會。

在第 53 頁第二個例子裡，當諮商員選擇運用反映技巧時，案主可以察覺到他的焦慮症狀常是每在他決定要去做一些事情的時候出現。這樣的反映可以協助案主的自我覺察。如果諮商員馬上就給案主建議或勸告的話，就會錯失了這種自我覺察的機會。

然而，並非所有資訊的提供都是給建議（Meier & Davis, 2011）。學者 Anderson 與 Handelsman（2010）在「處理性建議」和「實質性建議」之間做了一些區分。實質性建議是將問題的答案直接告訴案主，上述的例子就是一個直接建議的說明；也就是告訴案主當他感覺到焦慮時，應該要做深呼吸。處理性建議則是教案主如何去處理問題的策略，也就是教他如何解決問題而不是直接給他答案；而這包括提供有實證資料支持的資訊。所以當案主正在掙扎如何有效解決問題時，處理性建議可以是提供相關知識的選項，案主可據以擴充，進而能夠做一個資訊充足的決定（Meier & Davis, 2011）。

總而言之，給予建議可以是有用的，尤其是提供策略性的、處理性資訊的建議。當你要提供勸告或建議時，問你自己下面這些問題：

- 我提供建議的動機是什麼？
- 我多常給案主建議？
- 我的建議好嗎？這些建議是根據實證研究結果或是最先進的知識嗎？
- 我的建議會讓案主的自我探索「發生短路」嗎？

- 這是一個「處理性建議」或者是「實質性建議」？
- 我是否能夠引導案主去找到他／她自己的答案？（Anderson & Handelsman, 2010）

31 避免只依賴問問題

新手諮商員常常會只依賴問問題來進行晤談，因為他們還沒有信心去運用其他的技巧。初學諮商的學生在開始培訓時，如果有機會去練習完全不問問題，這會是一個好的訓練。就像是一個足球隊，他們在練習傳球時，所有的足球選手必須把球傳來傳去，並在球場上往返，但是不准踢入得分區。的確，足球選手主要的目的是要把球踢入得分區以贏得比賽，然而如果只顧著練習把球踢入得分區，贏得球賽的機會反而會變少。好的傳球技巧可以區分出平庸的隊員和有效能的隊員，這個比喻也適用於諮商員的訓練。好的諮商員的確會問問題，然而問問題只是很多可以運用的技巧之一。諮商員如果能夠熟悉並且運用各種不同的技巧，在幫助案主增加他們的自我察覺和成長時會更有效能。

案　　主：雅文在生我的氣，玫蘭又不回我的簡訊，最糟糕的是我媽媽都不了解情況。
諮商員：你媽媽不了解什麼呢？
案　　主：我不知道，我不確定。

案主很多時候不見得知道他們的生活中發生了什麼事，或者是為什麼發生。像上面例子中問問題的方式，會把諮商過程的對話管道關閉，

而無法提供一個讓案主開始去自我覺察和成長的機會。

　　問太多的問題會把晤談過程由案主中心的探索變成由諮商員掌控的「面談」（Meier & Davis, 2011）；也因此當兒少案主誤認諮商晤談是一種面談時，他們認為他們的回答會被以「對或錯」來評判。當發生了這樣的結果時，整個晤談療癒的氛圍會突然中止，然後諮商關係看起來就像一般的成人與兒童之間的關係。如果要讓晤談能夠允許案主自我探索，諮商員選用的技巧必須轉入反映兒少案主所表達的內容和情緒（Meier & Davis, 2011）。

案　　主：雅文在生我的氣，玫蘭又不回我的簡訊，最糟糕的是我媽媽都不了解情況。

諮商員：你和你的朋友之間發生了很多事情，但是你不覺得媽媽了解這情況對你的意義。

案　　主：是啊！她完全不了解。我真的需要她，我多希望她能夠更了解。我覺得我孤單一個人，沒有朋友可以聽我說；而媽媽覺得這情況很可笑。沒有一個人在我旁邊陪伴我（哭泣）。

　　問問題對於晤談有不同的影響。如果你問問題，你就控制了整個晤談；所以提問就像提供建議一樣，都會變成諮商員在主導整個晤談（Meier & Davis, 2011）。當諮商員掌控整個晤談時，可能錯失了案主真實的經驗，而案主自我探索的機會也會減少。

案　　主：我媽媽生病了。

諮商員：她怎麼了？

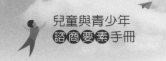
案　　主：她有肺纖維化的問題，那是很罕見的疾病……（案主繼續講述
　　　　　很多病症說明）

　　雖然這個提問使諮商員獲得更多的具體事實，但是這不是運用諮商
晤談最有效率的方式。在上面的例子，案主提供了很多事實，卻沒有去
面對他自己的情緒；諮商員的提問反而錯失了幫助案主去察覺母親生病
時所引發的感受。「反映」和「強調重點」是比較有效能的，如下面的
例子：

案　　主：我媽媽病得很重。
諮商員：你媽媽病得很重。
案　　主：是，我還沒告訴任何人……那實在是不太容易去說。
諮商員：在這件事上你一個人默默的承擔，你感覺到不勝負荷。

　　如果你一定要提問，要注意你問的是什麼樣的問題。有些問題甚至
根本對於案主沒有幫助；譬如問「為什麼」的問題。諮商員很容易養成
追根究柢的習慣，所以「為什麼」常常在我們的腦海裡（MacCluskie,
2010）。然而，在大部分的時候，「為什麼」的問題不能有效促使案主
的自我察覺和成長，甚至反而會讓兒少案主變得防衛起來。當這種情況
出現的時候，兒少案主通常更不願意開放表達較敏感的情緒。

案　　主：我媽媽病得很重。
諮商員：你曾經向朋友說起這個問題嗎？
案　　主：沒有。

諮商員：為什麼？

案　主：我不知道，我不想。

諮商員：為什麼你不和朋友說說呢？朋友會支持你的。

案　主：我就是不想。

　　能夠區分封閉式問句和更有效能的開放式問句是很重要的。封閉式問句通常包含這些字句：「是不是？」「對不對？」「好不好？」「會不會？」等（MacCluskie, 2010, p. 102）。只有在你需要得到非常具體的資訊時，你才用封閉式問句（Meier & Davis, 2011）。盡量運用其他技巧，如：開放式問句和鼓勵式的請求。學者 MacCluskie（2010）用釣魚的比喻來協助諮商員考慮什麼時候是提問的時機。她認為封閉式問句就好像丟了一條釣魚線到水裡去釣魚；用這樣的方式提問，你就只會釣到一些片斷的資訊。你雖然可以釣到魚，但是你很可能冒著一個危險──把整個晤談過程變成一個以諮商員為主的談話模式，而案主會變成一個等待諮商員指示下一步要說什麼的人。當這種情況發生的時候，案主自我探索和情緒的成長就停滯了，因為整個晤談已經變成蒐集資料和諮商員領導的「面談」。

案　主：我媽媽病得很重。

諮商員：1. 這是最近發生的嗎？

　　　　2. 你會陪媽媽一起去看醫生嗎？

　　　　3. 你有支持的朋友陪你嗎？

　　　　4. 你有一些好朋友可以說說嗎？

　　　　5. 你告訴過你的朋友了嗎？

6. 參加支持性的團體會對你有幫助嗎？

　　相對的，開放式問句通常比較會引發出較長的回應，因而增加案主自我探索和成長的機會。開放式問句通常是以這些字詞為開頭，如：「如何？怎麼？什麼時候？哪裡？誰？」等（MacCluskie, 2010, p. 102）。開放式的問題好像撒下一個大網，所以能夠同時抓住很多不同種類的魚。在這裡必須注意的是，為了要增加開放式問句的效能，先進行情緒的反映再問問題是比較有效的。如下面這個例子：

案　　主：我媽媽病得很重。

諮商員：你看起來很擔心。她的健康情況怎麼了？

案　　主：我是很擔心。我們剛發現她有一個罕見的肺病。每個人都覺得很有壓力，我到現在還沒有辦法跟任何人討論這個情況。我爸爸試著堅強起來，自己去處理面對。我還沒有告訴任何人。

　　另外一種提問是請兒少案主告訴諮商員更多有關的情況。

案　　主：我媽媽病得很重。

諮商員：你看起來很擔心，能多說一些嗎？

32 仔細傾聽案主的遣詞用字

　　傾聽是諮商的基礎；傾聽可增進同理和有效能的治療同盟關係（Baylis, Collins, & Coleman, 2011; Meier & Davis, 2011）。諮商員需要

仔細傾聽案主的遣詞用句，以理解其意義跟脈絡；傾聽兒少案主所使用的字句，因為它可以反映案主是如何看待他目前的問題、他的世界，還有他自己的生命故事（Cook-Cottone & Beck, 2007; Meier & Davis, 2011; Pennebaker, 2011）。

　　學者 Pennebaker（2011）對於遣詞用句的心理學研究發現：我們的情緒會在我們所選用的字詞中顯露出來。例如在憤怒或悲傷時，案主會選用非常不同的字句。當憤怒的時候，人們選用的字句傾向於著重在他人而不是自己；他們高頻率的使用第二人（如：你）、第三人（如：他、她、他們）的稱謂；憤怒的人也傾向於去談過去的事。相對的，悲傷的時候比較常使用「我」的字句和談論過去。不管是憤怒或悲傷，都常常運用「因果關係」和「自我反思」的認知字彙；而正向情緒，如愛、榮譽等的表達，則通常很少被使用。有關語言的運用和情緒，請參見 Pennebaker（2011）的著作。下面的例子說明諮商員如何著重在案主的用詞：

案　　主：我媽媽從來不聽我說話。

諮商員：從來不？

案　　主：呃……她有時候會啦！只是她今天都不聽我說話。

諮商員：所以媽媽有時候會聽你說，但是今天你真的覺得她沒有聽你講話。

　　一些概括性的字詞，譬如說：「永遠」、「從來不」，可能顯示的是案主對於目前的情況感受高漲，沒有辦法平實的表達他們的感受。如上面的例子，這位小學五年級的男孩他是用比較籠統而負面的語言來反

映他對母親挫折的情緒。當諮商員反問「從來不？」時，可以提醒孩子
對他母親的行為用比較客觀的方式來評估，同時也對於目前的情況有更
一致的察覺。之後，諮商員再認同案主的「感覺好像」沒被聽到的反
映。

　　當我們感到挫折的時候，大部分人很容易感覺到好像「永遠」是這
樣，或者是「從來不」這樣。當然，事情永遠是這樣或從來不是這樣的
機率是很低的，但是我們就是有這樣子的感覺。因此諮商員要能夠接納
並認可案主的主觀感受，但同時提醒案主更確實的去評估這種感受，這
將有益於案主的自我覺察。

　　一些字詞，例如「應該」、「必須」，反映了對於事實的潛在扭
曲；所以查核兒少案主的覺知以及可能的認知扭曲是很重要的。不過，
對某些兒童而言，可能真的有來自於父母、教練、老師實質的壓力，要
求他們要達到不切實際的高標準。這種情況下，兒少案主用「應該」、
「必須」這些詞彙，反映的可能是他們真實的情況。如果是這樣，諮商
員必須和家庭或是學校系統一起來面對這議題。

　　最後，傾聽兒少案主的自我故事（Cook-Cottone & Beck, 2007）。
有機會完整述說我們自己的故事時，會對我們的覺知、行為有非常震撼
性的影響（Chernin, 1998; White & Epston, 1990）。當個人所說的故事
或是別人協助建構的故事不能精確反映現在的經驗時，個體會覺知到認
知失調；而諮商提供了讓案主重新建構和案主的真實經驗吻合的故事，
並朝向正向故事的發展（White & Epston, 1990）。仔細傾聽案主在他們
所說的故事中運用的語詞和他們自我設定的角色。他們是受害者嗎？弱
勢者嗎？在他們奮鬥的過程中覺得挫折、被批判、被評定、被認可或是
被看見呢？諮商員把這些他們對自己的描述「加註底線」，反映回去讓

他們自己覺察；同時挑戰其中可能有的差異。比較他們的故事和他們的諮商目標，幫助他們找到一致性。**案主所運用的字句，不管是一個單字或是整個生命故事，在諮商過程中都是非常有用的標的。諮商員要和字句與故事一起工作，幫助案主加強他們的自我覺知和成長。**這些都是敘事治療的概念，有興趣的讀者請看 White 與 Epston（1990）的著作。

33 聚焦在案主

通常兒少案主來諮商的時候，經常會聚焦在他人的身上，都說是別人的問題，並認為那是他們發生困難和障礙的地方（Meier & Davis, 2011）。

案　　主：我媽媽病得很重，我爸跟我哥超級有壓力的。

諮商員：你媽媽生病了，你的家人感到很大的壓力。你必須要承擔很多。

案　　主：這真是太沉重了，我嘗試著去幫他們的忙，但是我沒有辦法（哭泣）。

在這個例子中，諮商員反映了孩子訴說的內容，同時**把整個晤談帶回到孩子的經驗**。即使兒童或青少年所敘述的脈絡內容很重要，在這一對一的諮商過程裡，案主仍然應該是最主要要改變的人。需要注意的是，有時候兒少案主的確經驗到一些真實的家庭議題，所以只要有可能，盡量安排一系列的家庭會談來討論這些議題；當然這些家庭會談仍然必須要與案主的諮商目標及諮商計畫的方向相符合。

34 注意非口語行為

諮商員必須了解案主的非口語行為是一個探討案主情緒經驗的入口——非口語行為是我們生理層面的溝通。非口語行為通常顯現在我們的面部表情、身體的移動，還有案主是如何說話表達的，如：強調的字眼、音調、語氣是不是跟他們其他的口語行為相符合（MacCluskie, 2010; Meier & Davis, 2011）。我們的兒少案主常常不太容易用語言來表達感受，如：「我對我父親真的很生氣」（MacCluskie, 2010），但是感受經常暗藏在非口語的行為裡。下面的例子是諮商員觀察到案主的非口語行為，並且反映案主的感受：

案　主：我父親從來都不聽（激動、皺眉、聲音顫抖的）。
諮商員：你對你父親很生氣。

去反映口語內容和非口語行為之間的不一致尤其重要。幫助兒少案主增加對他們自己非口語行為的覺察以及潛藏和經驗的不一致，可以幫助孩子成長（MacCluskie, 2010; Meier & Davis, 2011）。

案　主：我對我父親很生氣（哭泣，眼睛往下看）。
諮商員：你說你對父親很生氣，你看起來也好像很難過。
案　主：我好傷心。我以為當我能夠參加全國管弦樂的比賽時，他會來看我表演。我以為我這樣夠好，他會關注我……（開始哭泣）。

　　注意，這個案主是用「我……」，所以她表達的更可能是難過而不是憤怒（Pennebaker, 2011）；此外，她的非口語行為，如目光低垂，顯示的是悲傷。經由反映案主的情緒，諮商員可以去幫助案主處理她自認為的「憤怒」，因憤怒是案主覺得比較敢去表達的情緒。然而成長的機會不僅僅是在反映案主自認為的憤怒，案主可以去探索跟她父親有關的議題，如：父親在她生命中的缺席、她所追求的高成就等，都是案主對此種狀況獨特的因應方式。這些是案主可以再繼續有意義成長的諮商範疇。

35 連結感受和身體並教導對苦惱的容忍力

　　有時候，兒少案主已經可以有意識的覺察自己的情緒狀態，但是他們還沒有發展出特定情緒和身體生理相對應的覺知。協助案主發展「情緒是發生在身體哪個相對應部位」的覺察能力，兒童青少年可以更有意識的覺察情緒。Nummenmaa、Glerean、Hari 與 Hietanen（2014）使用一個自陳報告工具來研究不同情緒狀態和身體各部位的連結。參加研究的人首先看到兩張身體的剪影，分別包括很多情緒字句的描述、故事、電影，或是面部表情。然後當研究者顯示實驗的物件給參加研究的人看時，他們如果感到身體的哪個部位有情緒感受，就要在這個身體簡圖的那個部位塗色。研究證實：情緒經驗在身體是有相對應的區域，甚至在不同文化均類似。幫助案主對他們身體的覺知，可以協助案主更敏銳的覺察情緒。

案　　主：我好擔心明天，我實在很煩。

諮商員：你現在有很多的感受。在這圖上指給我看，你身體的哪裡有什
　　　　麼樣的感受。

案　主：我感到我的胸部，很緊，好像不能呼吸。然後在我的手臂下
　　　　面，有麻麻的感覺，我不喜歡。

　　對於不舒服或挑戰性情緒的辨識，提供了一個教導兒少案主對苦惱
容忍力和情緒規範的技巧（Callahan, 2008）。一旦感受被辨識，而且
在身體找出相對應的位置，就可以教導案主自我管理感受的技巧。這些
技巧包括自我安慰、轉移注意力、改善目前的時刻等。兒少案主首先學
習如何辨識情緒、不逃避體會，最後可以利用情緒去做決定。

案　主：我好擔心明天，我實在很煩。

諮商員：你現在有很多的感受。在這圖上指給我看，你身體的哪裡有什
　　　　麼樣的感受。

案　主：我感到我的胸部，很緊，好像不能呼吸。然後在我的手臂下
　　　　面，有麻麻的感覺，我不喜歡。

諮商員：我希望你對你胸部的感覺保持覺察，開始慢慢把你的呼吸慢下
　　　　來，然後讓你的身體肌肉慢慢放鬆，從你胸部的中心到你的肩
　　　　膀。在每次呼氣的時候就更放鬆一點，但是仍然保持你目前對
　　　　感受的覺察。

　　有關發展情緒的調節和苦惱容忍力的技巧，請看 Callahan 的文章
（2008）。

36 暫停技巧，以及辨識諮商中不同的議題

諮商的摘要技巧（參見第 2 章的相關介紹）可以有效的反映案主談話的主軸或不同的議題（MacCluskie, 2010）。有些兒少案主似乎有備而來，進入諮商就想要一次談論很多的事情。在這樣的情況下，當開始談論一起事件的時候，其他議題的想法和憂慮也連帶的會被挑起，因而很難對真正的困境對焦。這些兒少案主很容易辨識，他們看起來像是以下這樣：

案　主：我好擔心我媽，她病得很重，但是她不肯吃藥。我爸爸一直告訴她要吃藥，她也說她有吃，但是我知道她沒吃。我會知道是因為她的藥瓶仍然是滿的，而且她常常感覺不舒服。我弟弟現在也都不做功課了，我非常確定。他成績一直退步，我爸對這樣子的情況非常生氣。爸爸說弟弟應該要更努力一點。因為媽媽生病了，每個人都覺得很有壓力，甚至我們家的狗都在哭。狗狗應該要洗澡了，但是爸爸忙著照顧媽媽，所以我在想我應該要去幫狗狗洗澡，但是我就是一直拖，還沒有去做……

像這樣子的情況，如果諮商員一直等到孩子停下來，很可能整個晤談時間就結束了，而沒有法子進行任何有意義的治療的互動。諮商員必須溫和的打斷案主，協助案主先整理出所有提到的議題，列出清單，並且辨識不同議題之間的差別。然後請案主選擇問題的優先順序，或者決定這一次晤談要著重在哪些議題上。

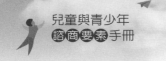

案　主：我好擔心我媽，她病得很重，但是她不肯吃藥。我爸爸一直告訴她要吃藥，她也說她有吃，但是我知道她沒吃……（如前所述）

諮商員：雅文（打斷她），稍微暫停一下，讓我有機會整理你剛剛告訴我的。第一，媽媽和她的病、她的藥，還有所有人對她的關心。這真的是很重要，它影響了你們全家。第二，你的父親，他很努力在做他所需要做的，你似乎很擔心他。第三，你的弟弟，聽起來他好像對這樣子的情況沒有因應得很好。第四，你擔心你的狗。最後，我聽到好像你覺得要對所有的事情負責任。然而當你一下子要擔心這麼多事情，對你來講似乎不勝負荷。所以（用一張白紙使它更具體），我們在這張紙上有你的媽媽、爸爸、弟弟、你的狗，還有你的責任和憂慮感，全部都在這裡。你想先從哪裡開始？

　　諮商員辨識不同的議題，可協助兒少案主將每個關心的議題一一提煉出來。這個分離不同議題的過程，讓案主原先對所有事件所產生的模糊焦慮反應，可以重新建立一個較清晰的連結。生理層面的感受和想法的統整，可以協助兒少案主進入一個更開放、接納和反思的狀態。更多的統整方式請見 Siegel（2012）的文章。

37 使用問題解決模式

　　問題解決模式對於案主現在的問題、諮商目標的建立，還有兒童青少年未來會面對的困難提供了一個有效因應的架構。學者認為，在協

助兒童青少年發展自我決定能力（self-determination），以增進其自我調控（self-regulated）能力成長的介入方案中，解決問題的能力是最關鍵的（Karvonen, Test, Wood, Browder, & Algozzine, 2004）。一個後設研究分析的資料顯示：當案主問題解決能力增強時，案主正向的改變（如生活適應和學業表現）也會增加（Durlak et al., 2011; Whiston, Tai, Rahardja, & Eder, 2011）。運用問題解決架構幫助兒少案主的步驟如下（Macklem, 2008）：

- 了解首要問題
- 想出各種可能的因應策略，並且對各策略進行評估
- 選擇其中一個策略，並設定目標（請參見下一節設定目標的要點）
- 試行這個策略的有效性
- 重新選擇另外一個策略或是下一個問題

38 設定清楚可測量的目標

諮商過程必須朝向目標。目標的設定應該對於所轉介的問題，或對案主的症狀是有效的。目標也要符合案主所在的場所（學校、家庭或醫院病房）、治療團隊（心理學家、小兒科醫師、營養師、社會工作者），和兒少案主的心理發展階段的能力和需求。最重要的是，目標的設定必須是具體而且可以測量的。下面一系列的思考問題可幫助你建立且評量目標是否合宜。

1. 你的目標是有實證研究資料支持的嗎？
2. 你的目標符合或適合治療的場域嗎？治療的場域是特定的嗎？

3. 你的目標與治療者或治療團隊（在校內及校外）相符合嗎？團隊的成員分工清楚嗎？

4. 你的目標符合案主的身心發展階段嗎？

5. 你的目標包括下面所有具體的關鍵要素嗎？

   (1)〔案主的姓名〕會＿＿＿＿＿＿＿（描述一個可測量的行為，如次數、強度、期間）

   〔如：瑪雅會增加她每天念書的時間，每一科每天至少念 15 分鐘〕

   (2) 透過＿＿＿＿＿＿＿（說明這個會如何發生、在哪裡、還有和誰）

   〔如：在課後的學習輔導課程，在志工老師的督導之下〕

   (3) 所以＿＿＿＿＿＿＿（說明為什麼要這樣做）

   〔如：為了改進她家庭作業的完成率和學業的成績〕

   (4) 目標的例子：

   i. 佳欣會練習 4 個深呼吸（也就是吸氣 4 秒、屏住呼吸 2 秒、呼氣 5 秒），然後每天練習 4 次（佳欣會在早上、午飯前、午飯後、最後一節課之前），連續練習兩個禮拜，以減低在學校的焦慮感。

   ii. 雅文會在學校課程結束之後，參加社交技巧團體；每個禮拜 2 次，以增加她和同儕團體的正向社會互動經驗。

   iii. 雅文會選擇一個在她的社會互動團體中所介紹的特定社交技巧，然後在之後 15 個禮拜和同學練習這個技巧；從星期一到星期五，一天 3 次，以增進她和同儕交往的社交技巧。

本章摘要和討論

　　要增進兒童青少年的自我覺察和成長，需經由他／她和當下情緒經驗的深度連結和體會。通往覺察和成長的通道，包括協助案主增加描述感受的語言字彙，以及發展容忍並自我調整情緒經驗的技巧。諮商員要允許兒童成為諮商經驗的中心，把焦點放在兒童和他們的經驗和成長上。此外，故事和比喻可以協助兒童青少年在難以體驗的情緒和太模糊的概念之間架起橋梁。故事可以讓孩子看到不同的選擇以及問題的可能答案，卻不會引發他們防衛的情緒（參見第 2 章利用故事的相關內容）。仔細傾聽兒童青少年所選用的字句和故事，這些都是他們探索、覺察和成長的另一個管道。最後，要記得維持運用問題解決的模式，這可以讓晤談往既定的目標方向前進，而且給案主一個如何去處理未來困難的清楚架構。應用以上這些要素，可以更有效的協助兒童青少年增進自我覺察和成長。

　　問你自己以下這些問題：

■ 在晤談中，是我在領導會談嗎？還是我在提供兒童青少年一個讓他們去發現自己經驗脈絡的機會？

■ 我有提供各種讓兒少案主去辨識情緒，並且學習如何實際和情緒經驗協商的機會嗎？

■ 我有策略性的用對的提問去協助案主成長嗎？

■ 我了解案主所說的自我故事嗎？他／她在故事中的角色是什麼？故事的軌跡是什麼？

■ 我有維持問題解決的取向嗎？

Anderson, S. K., & Handelsman, M. M. (2010). *Ethics for psychotherapists and counselors: A proactive approach*. Malden, MA: Wiley-Blackwell.

Baylis, P. J., Collins, D., & Coleman, H. (2011). Child alliance process theory: A qualitative study of a child centred therapeutic alliance. *Child and Adolescent Social Work Journal, 28*(2), 79-95.

Callahan, C. (2008). *Dialectic behavioral therapy: Children and adolescents*. Eau Claire, WI: PESI.

Chernin, K. (1998). *The woman who gave birth to her mother: Tales of transformation in women's lives*. New York, NY: Penguin Putnam.

Cook-Cottone, C. P., & Beck, M. (2007). A model for life-story work: Facilitating the construction of personal narrative for foster children. *Child and Adolescent Mental Health, 12*, 193-195.

Durlak, J. A., Weissberg, R. P., Dymnicki, A. B., Taylor, R. D., & Schellinger, K. B. (2011). The impact of enhancing students' social and emotional learning: A meta-analysis of school-based universal interventions. *Child Development, 82*, 405-432.

Erickson, S. J., Gerstle, M., & Feldstein, S. W. (2005). Brief interventions and motivational interviewing with children, adolescents, and their parents in pediatric health care settings: A review. *Archives of Pediatric Adolescent Medicine, 159*, 1173-1180.

Karvonen, M., Test, D. W., Wood, W. M., Browder, D., & Algozzine, B. (2004). Putting self-determination into practice. *Exceptional Children, 71*, 23-41.

MacCluskie, K. (2010). *Acquiring counseling skills: Integrating theory, multiculturalism, and self-awareness*. Upper Saddle River, NJ: Pearson.

Macklem, G. (2008). *Practitioner's guide to emotional regulation in school-aged children*. New York, NY: Springer Science and Business Media, LLC.

Meier, S. T., & Davis, S. R. (2011). *Elements of counseling* (7th ed.). Belmont, CA:

Brookes/Cole.

Nummenmaa, L., Glerean, E., Hari, R., & Hietanen, J. K. (2014). Bodily maps of emotions. *Proceedings of the National Academy of Science of the United States of America, 111*, 646-651.

Pennebaker, J. W. (2011). *The secret life of pronouns: What our words say about us.* New York, NY: Bloomsbury.

Sebastian, C., Burnett, S., & Blakemore, S. (2008). Development of the self-concept during adolescence. *Trends in Cognitive Science, 12*, 441-446.

Siegel, D. (2012). *The developing mind: How relationships and the brain interact to shape who we are* (2nd ed.). New York, NY: Guilford.

Vansteenkiste, M., Williams, G. C., & Resnicow, K. (2012). Toward systematic integration between self-determination theory and motivational interviewing as examples of top-down and bottom-up intervention development: Autonomy or volition as a fundamental theoretical principle. *International Journal of Behavioral Nutrition, and Physical Activity, 9*, 23. doi:10.1186/1479-5868-9-23

Velting, O. N., Setzer, N. J., & Albano, A. M. (2004). Update on and advances in assessment and cognitive behavioral treatment of anxiety disorders in children and adolescents. *Professional Psychology Research and Practice, 35*, 42-54.

Weil, L. G., Fleming, S. M., Dumontheil, I., Kilford, E., Weil, R. S., Rees, G., ... Blakemore, S. (2013). The development of metacognitive ability in adolescence. *Consciousness & Conscience, 22*, 264-271.

White, M., & Epston, D. (1990). *Narrative means to therapeutic ends.* New York, NY: W. W. Norton.

Chapter

4

對諮商的誤解及
不確實的假定

和兒童青少年工作時，有些對諮商的誤解或不確實的假定可能會減低諮商的效果。新手諮商員或正在接受訓練的學生需要在進入諮商工作之前，自我檢視這些可能知道或不知道的不實假定或誤解（Meier & Davis, 2011）。本章主要是回顧這些諮商員常有的不正確假定及誤解。

39 不要假定改變是簡單的

人的改變既不容易也不簡單（Prochaska, 1999; Prochaska & DiClemente, 1986）。諮商員應該要能認可並感受到案主的努力，同理案主面臨改變的挑戰，同時鼓勵案主在改變和成長中所付出的實質努力。除了努力之外，還有很多因素會影響案主改變的能力、挑戰案主的努力程度，甚或把情境變得複雜（Arkowitz & Miller, 2008; Krause, Howard, & Lutz, 1998; Prochaska, 1999）。這些因素包括：

- 環境
- 文化
- 家庭
- 改變的準備度
- 認知能力
- 領悟
- 支持
- 要求

在上述各種影響因素中，**改變的準備度**尤其重要。有一些案主沒有改變是因為還未準備好，或者還不想改變。Prochaska 與 DiClemente

（1992）提出的「改變階段模式」認為，案主的問題行為缺少改變準備度是因為：

(1) 他們並不知道問題的存在；

(2) 他們才剛剛發現問題存在，但是還沒有開始考慮解決方法；

(3) 他們還處於想要採取行動做改變的早期階段。

動機式晤談（MI）主要就是針對案主對改變的抗拒以及準備改變的挑戰而產生。更詳盡的動機式晤談內容，請看：Arkowitz、Westra、Miller 與 Rollnick 於 2008 年出版的 *Motivational Interviewing in the Treatment of Psychological Problems* 一書。

40 學業發展程度不等於情緒發展程度

我們都知道不可以只用書的封面來評斷書的好壞，所以我們也不可以只看兒童的背景資料就以為了解這個人。年齡、學業成就、智商、生理的成熟度，都不是情緒發展的可靠指標。當與案主談話的時候，一定要探索他們的情緒發展程度，以及了解他們的情緒能力，如：情緒字彙的多寡、情緒的表達、自我規範和因應的能力等。

這些情緒能力也會被很多的因素所影響，如事件的壓力程度、嚴重的程度、次數、強度還有持續的時間等。兒少案主雖然具有某種程度的情緒功能，但在面對緊急的壓力和變故時，常會需要額外的支持和介入（Frankel, Gallerani, & Garber, 2012）。

41 同意不相當於同理

　　一些新手諮商員可能以為「同理」（empathy）就是同情案主或同意案主所說的一切（Meier & Davis, 2011）。「同理」是指對於案主所處的主觀世界的深度理解（Egan, 2014）；「同意」是諮商員對於案主的行為表示贊同；「同情」則是諮商員為案主的情況感覺難受。當然，支持我們的案主是很關鍵的，但是只是同意案主或者是告訴案主他們想聽的話，並不會對案主有益。

　　Meier 與 Davis（2011）認為：「朋友和家人提供同意和同情；諮商員則提供同理，如此才能幫助案主探索他們的問題、對他們的感受和想法有所察覺。案主才能開始了解他們需要**去做什麼才會有改變**。」（p. 29）

42 避免作道德判斷

　　很多新手諮商員有一個很難改的習慣即是評斷別人（Meier & Davis, 2011; Smaby & Maddux, 2011）。評斷別人是指用道德標準或是個人的主觀價值來評判他人。

案　　主：我期末考不及格後，又開始吸大麻。
諮商員：你真的讓你自己和你的父母親失望了，不是嗎？

　　諮商員不要對案主的行為作價值判斷，而是要運用心理學的理論和實務經驗來衡量案主。衡量可包括案主原來行為的問題、案主如何做決

定、家庭歷史背景、教育經驗、智力、生理健康狀態、情境和異常心理現象等的影響。

案　　主：我期末考被當以後，又開始吸大麻了。我有很多時間坐在家裡什麼也沒做，然後我就越來越憂鬱和生氣。

諮商員：聽起來好像你覺得非常失望，然後開始吸食大麻。

　　在這個例子，諮商員看到案主問題行為的心理源頭，那是案主可以去影響跟負起責任的，而不是用責備的方式來跟案主互動（Meier & Davis, 2011; Smaby & Maddux, 2011）。

　　告訴案主是對的或是錯的並不是諮商，這非但對案主沒有幫助，反而可能造成傷害。所以要常常檢視你自己的價值觀，不要把它們強加到案主的身上。再次強調，諮商是去尋找案主想法、感受和行為的心理來源，不是去批評或評價他們。最終目標是協助案主了解及認識自己問題行為的心理原因，這才會促進他們成長。

43 案主說他們了解不一定是真的了解

　　諮商員必須常常查核案主對於晤談溝通內容的了解。當你的案主說他們了解，要視時機請他們闡述或解釋，這樣你才能夠確定他們是真的了解了。

　　在諮商過程中，兒少案主常常不願意去承認他們不確定的觀念或主題。作者（LA）第一年執業時，在家庭晤談中，父母親常會將諮商員所表達的內容對他們的孩子再說明一次。這對諮商員而言是一個很重要

的訊息——雖然諮商員可能認為已經用兒少案主可以聽得懂的語言去溝通了，但還是應該要定期詢問案主對於溝通內容是否了解；當兒少案主願意講出在諮商晤談過程當中不了解的地方時，要記得讚賞他們。

44 你不能假定你知道（案主的感受、想法和行為）

正如你必須要去檢視案主對於諮商內容的了解，你也要去檢視**你自己對他們的了解**是不是正確。基本的溝通技巧可以幫助你預防誤解。把你所聽到的反映回去給你的案主，給他們一個機會去確定或否定你對案主的了解是否正確；同時也請案主確定他們是否同意你所下的結論。當你的了解不正確時，有些案主會讓你知道（MacCluskie, 2010; Meier & Davis, 2011; Smaby & Maddux, 2011）。諮商員可以常常問：「我這樣的理解對嗎？」（對兒少案主，甚至得問：「我這樣的理解對嗎？你確定嗎？」）讓案主知道糾正你的反映是沒有問題的。

45 不要假定你知道案主對他們的感受、想法和行為會如何反應

對同樣一件事情，不同的案主會有不同的知覺反應。例如，一位青少年當他注意到自己正在緊張焦慮時，可能會更加恐慌，因為他以為這是他要發瘋的第一個徵兆。但是另外一位青少年可能就會去接受這種緊張焦慮，因為他知道當他的時間有限又要做很多進階的作業時，這是一個理所當然的現象。你必須注意，不要假定你的案主對於事件的反

應和感受如同你一樣（MacCluskie, 2010; Meier & Davis, 2011; Smaby & Maddux, 2011）。仔細觀察你的案主是如何反應他們的心理狀態；當你不確定時要溫和的向案主澄清。

 ## 46 不要假定所有的處遇對所有的案主都是安全合適的

　　在諮商中，個別化的治療處遇計畫是很重要的，因為同一套治療方式不會適用於所有的案主。個體的個別差異的確存在，所以需要用不同的取向來協助每一位案主。在實施治療處遇時，如不能選擇符合案主所需，很可能會變得無效甚至有反效果。第五章會簡略的介紹已經過實證研究證實療效的治療方式和處遇計畫。下面這個網站可以幫助我們思考如何選用合適於案主的處遇方法：www.practice-wise.com/Home.aspx。

　　當然，最重要的是，我們必須要考慮案主的背景脈絡和情境，確定治療處遇方式是安全的。例如，你可能會建議你的青少年案主向他的父母表達自己；這對某位案主來說可能是健康有效的賦能取向，但對於另外一位案主，如果他的父母親有暴力傾向，這種表達可能反而會帶來危險。所以在鼓勵案主採取任何行動之前，一定要先跟你的案主一起好好討論可能的結果會是什麼。總之，兒童青少年還在發展他們的認知型態、自我概念及統整他們的世界觀（Erk, 2008; Krueger & Glass, 2013; Vernon, 2009），所以把處遇計畫裁剪成適用於兒童青少年的能力及背景情境是很關鍵的（Krueger & Glass, 2013; Weisz, 2014）。

47 正向思考和理性思考是不一樣的

「有些新手諮商員常常誤認理情治療概念中的理性和非理性的想法就是正向和負面的想法。」（Meier & Davis, 2011, p. 30）正向或負面的想法通常是指對於好運或壞運的想法，或者是對於能力的正向或負面的評量（Noble, Heath, & Toste, 2011）。相對的，非理性想法，簡而言之，是以未被客觀資料所支持的想法去理解這個世界的方式，因此常常會導致痛苦的情緒經驗（Ellis, 1962, 1973）。例如，一個孩子可能會說：「我永遠沒有辦法通過數學考試。」由於這個孩子的數學平均成績不錯，所以這個非理性和負面的想法會製造出緊張焦慮，甚至可能會影響到他的數學表現。所以上面那句話，反映和影響的是他目前的情緒狀態。

需要注意的是，即使非理性想法很可能會導致負面感受，非理性卻並不一定是負面的想法。事實上，一個人可以有負面想法，但不見得一定是非理性的。例如，另一位孩子可能也會說，「我永遠沒有辦法通過數學考試。」實際上他過去以來的數學成績都不是很好，而老師也說他常常不交功課，其他課業也有困難。所以這樣的情況，雖然他講的是負面想法，但卻是合理的，甚至是對他未來數學成績準確的預測。

有趣的是，Noble 等人（2011）發現：青少年這個族群，正向的錯覺（positive illusion），也就是對自己能力的吹棒，反而比較不會憂慮。一個以 71 位在學青少年所做的研究，結果發現數學的正向錯覺（意指對於自己的數學表現有評價過高的傾向），和憂鬱的情緒症狀是負相關的。研究者推論：正向錯覺，不見得是不良心理狀態的指標；它反而可能會促進某些正在掙扎的青少年的心理健康。

　　和兒少案主工作時，要能夠分辨清楚理性、非理性、正向、負面的想法。諮商的目標是幫助案主去挑戰錯誤、扭曲的想法或不實的解釋，因為這些會導致案主的負面結果（Ellis, 1973; Meier & Davis, 2011）。諮商的另外一個目標是協助兒少案主在他們學業上、人際關係上和其他各層面上，有效的理解他們目前的能力、技巧和情境脈絡（Noble et al., 2011）。

本章摘要和討論

　　不管是新手諮商員或是想增進技巧的有經驗的諮商員，注意前述這些諮商中常有的誤解是很重要的。當你評量案主的進展或者是自己掙扎於案主的無進展時，或在改換另外一個諮商策略或新諮商取向之前，請再一次重新檢視你是否有這些誤解。思考下列問題：

■ 你對於「改變」的感受是什麼？你有時候會落入「人的改變是很簡單的」這樣的假定嗎？請用一個你曾經難以改變的經驗，來幫助你發展同理心（如：戒菸、改變進食的習慣、增加念書的時間、建立運動習慣）。

■ 回想你所觀察到一個聰明有智慧的朋友、同事或案主在面對情緒挑戰掙扎時的經驗；甚至是你自己曾有的情緒掙扎，而別人覺得其實那好像是很容易的經驗。反映其間的差異。

■ 你怎麼能夠確定兒少案主不會把你的同理心誤認為是同意？例如，當一個兒少案主說：「我媽媽對我很壞。」這時你如何表達你聽到並且同理、但不見得是同意的回應？

■ 回想一個當你與兒少案主晤談的時候，你不禁對他／她有道德評斷的

經驗。你那時是如何處理的？

■ 「假定」是如何滲透進入諮商過程的？

■ 回想一個你曾經觀察到的兒少案主與不適用的治療計畫之間的情形。你曾經觀察到諮商員堅持只用一個治療取向，結果卻無效的情形嗎？請討論這個議題，以及諮商員應該如何改進。

■ 討論並且舉例說明：理性、非理性，正向、負面想法。想想有效能的諮商員會如何對下面情況做出反應。請以能夠引導兒少案主正向情緒結果的取向來進行：

a. 非理性、但正向的想法

b. 非理性、且是負面的想法

c. 理性、且是正向的想法

d. 理性、但負面的想法

 參 考 文 獻

Arkowitz, H., & Miller, W. R. (2008). Learning, applying, and extending motivational interviewing. In H. Arkowitz, H. A. Westra, W. R. Miller, & S. Rollnick (Eds.), *Motivational interviewing in the treatment of psychological problems* (pp. 1-25). New York, NY: Guilford.

Egan, G. (2014). *The skilled helper: A problem-management and opportunity-development approach to helping* (10th ed.). Belmont, CA: Brooks/Cole.

Ellis, A. (1962). *Reason and emotion in psychotherapy*. New York, NY: Lyle Stewart.

Ellis, A. (1973). *Humanistic psychotherapy: The rational emotive approach*. New York, NY: Julian Press.

Erk, R. R. (2008). *Counseling treatment for children and adolescents with DSM-IV-*

TR disorders (2nd ed.). Columbus, OH: Pearson, Merrill, Prentice Hall.

Frankel, S. A., Gallerani, C. M., & Garber, J. (2012). Developmental considerations across childhood. In E. Szightey, J. Weisz, & R. Findling (Eds.), *Cognitive-behavior therapy for children and adolescents* (pp. 29-74). Arlington, TX: American Psychiatric Publishing.

Krause, M. S., Howard, K. I., & Lutz, W. (1998). Exploring individual change. *Journal of Consulting & Clinical Psychology, 66,* 838-845.

Krueger, S. J., & Glass, C. R. (2013). Integrative psychotherapy for children and adolescents: A practice-oriented literature review. *Journal of Psychotherapy Integration, 23,* 331-344.

MacCluskie, K. (2010). *Acquiring counseling skills: Integrating theory, multiculturalism, and self-awareness.* Upper Saddle River, NJ: Merrill.

Meier, S. T., & Davis, S. R. (2011). *The elements of counseling* (7th ed.). Boston, MA: Cengage Learning.

Noble, R. N., Heath, N. L., & Toste, J. R. (2011). Positive illusions in adolescents: The relationship between academic self-enhancement and depressive symptomatology. *Child Psychiatry and Human Development, 42,* 650-665.

Prochaska, J. O. (1999). How do people change, and how can we change to help many more people? In M. A. Hubble, B. L. Duncan, & S. D. Miller (Eds.), *The heart and soul of change: What works in therapy* (pp. 227-255). Washington, DC: American Psychological Association.

Prochaska, J. O., & Diclemente, C. C. (1986). Toward a comprehensive model of change. In W. Miller & N. Heather (Eds.), *Treating addictive behaviors: Processes of change* (pp. 3-27). New York, NY: Plenum.

Prochaska, J. O., & DiClemente, C. C. (1992). Stages of change in the modification of problem behavior. In M. Hersen, R. Eisler, & P. M. Miller (Eds.), *Progress in behavior modification* (Vol. 28). Sycamore, IL: Sycamore.

Smaby, M. H., & Maddux, C. D. (2011). *Basic and advanced counseling skills: The skilled counselor training model.* Belmont, CA: Brooks/Cole, Cengage Learning.

Vernon, A. (2009). *Counseling children & adolescents* (4th ed.). Denver, CO: Love.

Weisz, J. R. (2014). Building robust psychotherapies for children and adolescents. *Perspectives on Psychological Science, 9*, 81-84.

Chapter

5

以實證為基礎的
實務工作與當代
處遇取向簡介

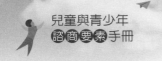

在與兒少案主和其照顧者建立了關係之後，接下來要如何繼續？美國心理學會（APA）將「以實證為基礎的實務工作」（evidence-based practice, EBP）定義為「在案主特質、文化和偏好的脈絡下，統整目前最佳的研究結果與臨床專業的實務工作取向」（APA, 2006, p. 273）。**臨床專業能力**包括在研究所接受的訓練、實務經驗、被督導的經驗，以及本書所涵蓋的內容。本章將重點介紹當代兒童青少年諮商的主要取向；不過首先要考慮一些兒童青少年「實證支持治療法」（empirically supported treatments, ESTs）的相關議題。

48 以實證為基礎的兒童青少年實務工作有其限制

你可能尚不清楚如何在兒童青少年臨床實務工作上應用實證研究資料（Lyon, Lau, McCauley, Vander Stoep, & Chorpita, 2014），但是先熟悉兒童青少年實證支持治療法（ESTs）的侷限性是很重要的。例如，實證研究測試後所發行的手冊，實際上很少是專門針對兒童所開發的（Schmidt & Schimmelmann, 2013）。也就是說，許多基於實證研究結果所發展的治療方法，實際上最初都是為成人設計的；因此目前許多兒童青少年的處遇措施常只是成人的延伸（Frankel, Gallerani, & Garber, 2012）。此外，大多數實證支持治療法是在高度實驗控制的治療環境中，或是以一些有精神病症的青少年為對象所進行，所以這些實證研究結果並不太能代表現實世界的臨床實務工作（Weisz, 2014; Weisz et al., 2013; Weisz, Jensen-Doss, & Hawley, 2005）。更有人批評實證支持治療法因過於執著依照手冊僵化的處理程序，讓專業人員失去將諮商計畫個

別化的彈性（Weisz et al., 2013）。

　　就如本書其他部分一再提到，與兒少案主一起工作時主要的考量
是，任何治療方法必須適合兒少案主的發展階段和背景脈絡。兒童青
少年的認知風格、自我概念和整體世界觀都仍然在發展中（Krueger &
Glass, 2013），任何處遇措施符合兒童青少年新近發展出來的能力、
相關背景脈絡更是考慮治療方法的關鍵（Krueger & Glass, 2013; Weisz,
2014）。

49 熟悉以實證為基礎的臨床決策資料庫

　　對那些希望運用美國心理學會（APA, 2006）所推廣以實證為基礎
的實務工作的諮商員，PWEBS（PracticeWise Evidence-Based Services）
數據資料庫累積很多青少年心理治療的研究結果。PWEBS 數據庫
（www.practicewise.com/Home.aspx）允許使用者輸入感興趣的案主背
景和臨床數據（如：診斷、年齡、性別、種族等），以及期望實證研
究結果的證據強度（1 到 5，1 表示最高或最強的證據強度）。然後，
數據庫會產生一份與上述兒少案主特質相近的整體治療成功的研究結
果報告，並包括治療方法中不同要素有效性的排序（Lyon et al., 2014;
PracticeWise, 2013）。這份資料可提供臨床實務工作者在實施以實證為
基礎的實務工作的治療和追蹤時，獲得強而有力的證據支持。

50 當代兒童青少年的諮商處遇取向

　　雖然本節不會只強調以實證為基礎的諮商處遇取向，但下面所介紹

的諮商取向都至少具有初步到實質性的證據（Thompson & Henderson, 2011; Vernon, 2009），並且經常出現在研究生級的兒童青少年諮商教科書中。

A. 短期諮商，解方焦點治療

短期諮商也許可以被稱為**千禧年諮商**。在美國，雖然健康保險公司報銷的方式確實影響了這一個諮商取向的發展，但並非唯一因素。自 1950 年代以來，相對於長期精神分析療法的諮商方法逐漸發展起來。首先是卡爾‧羅傑斯（Carl Rogers）以人為本的諮商，然後是一些希望以更有效能的方式來幫助人們實現目標的新療法（Thompson & Henderson, 2007）。 有興趣閱讀傳統以成人為實施對象的人本中心諮商相關內容者，請參閱 Meier 與 Davis 的《諮商的要素》（*Elements of Counseling*）一書。

Littrell（1998）定義短期諮商有八個特徵：(1) 有期間限制，(2) 以解方（solution）為焦點，(3) 著重行動，(4) 強調社會互動性，(5) 注重細節，(6) 引發幽默，(7) 注重發展階段，以及 (8) 著重關係。這些特徵使短期諮商成為一種獨特取向（Littrell, 1998），並且著重與整體系統的整合，以幫助兒少案主和其家庭實現他們的目標（Littrell & Zinck, 2004）。

短期諮商的**時間限制**性質是不言自明的，這特別適合於在學校工作的諮商員，因為他們每次可能只有短短的 10 分鐘與兒童一起工作。「解方」是短期諮商最重要的原則，並且應在諮商過程中盡早關注；如：案主的能力、案主問題的例外（即這個問題在何時對案主來說不是問題？）、具體的目標等，都是尋找解方時所強調的。此外，目標必須

與非常具體的行動連結，因為短期諮商取向認為談話**不等於**會付諸行動
（Littrell & Zinck, 2004）。

　　短期諮商具有高度的社會互動性。短期諮商的諮商員關注治療人際
互動的層面，以及社會支持關係的相互性和強化力量（Littrell & Zinck,
2004; Thompson & Henderson, 2007）。短期諮商也會鼓勵其他人員來支
持協助案主改變，因這對兒少案主而言是一個特別且有力的工具。例
如，鼓勵兒少案主去認識一些具有支持能力或具滋養特質的成年人，兒
少案主可以獲得被賦能的經驗。短期諮商的諮商員還會非常詳細的探討
案主過去和現在生活中已經有效果的行動，鼓勵兒少案主運用調整當前
的行為和情況，以達到諮商目標。

　　前述 Littrell 與 Zinck（2004）所提出的短期諮商的最後三個特徵
——引發幽默、注重發展階段和著重關係，都符合年齡較大的青少年的
需求，也和其認知與社會情感需求相匹配。

B. 認知行為治療

　　本章最後會討論切割和合成實證支持治療法（ESTs）的整合療法。
整合治療取向通常是指將兩種或更多種標準治療方式組合成一種，認知
行為治療（cognitive behavioral therapy, CBT）就是這樣的整合療法。目
前現有的實證數據顯示，認知行為取向療法對大多數有情緒或行為失調
症狀的青少年最具療效（March, 2009）。

　　認知行為治療取向著重於認知、情感和行為三元之間的相互關係
（Thompson & Henderson, 2011），通常由四個層次的治療組成：

　　(1) 行為處遇措施，包括增強、行為塑成、提示和示範等程序以達
　　　　到臨床目標；

(2) 認知行為治療處遇措施，包括將成功完成的任務與正向的自我
陳述配對，而加強了正向的自我陳述；

(3) 認知處遇措施，通常和社交技能訓練、角色扮演和自我管理一
起運用；

(4) 自我監控處遇措施，如自我評估和自我增強程序（Thompson &
Henderson, 2011）。

認知行為治療取向已成功應用於攻擊性行為、焦慮症、憂鬱症、注
意力不足／過動症（ADHD）、肥胖症、酗酒者的子女，以及遊戲治療
之中（Thompson & Henderson, 2011）。

C. 創傷中心認知行為治療

創傷中心認知行為治療（trauma-focused cognitive behavioral therapy,
TF-CBT）是認知行為治療的一個分支，是以實證研究資料為基礎，對
受創傷兒童的治療工作取向。Cohen 與 Mannarino（2008）所描述的
「創傷中心認知行為治療」，是一個彈性組合不同治療方法的模式，
以提供兒童和家長處理創傷症狀的因應技能。此療法已經在幾個以隨
機分派受試的對照實驗設計的研究，對曾遭受性虐待、家庭暴力、創
傷性悲傷、恐怖主義、災難和多重創傷兒童進行療效的評估（Cohen &
Mannarino, 2008）。有關「創傷中心認知行為治療」的簡要介紹，請參
閱第 6 章。

D. 行為治療

當代行為諮商是一種著重行動的治療方式。案主和家長針對問題

直接採取付諸改變的行動，而不是經由口語談話來理解和處理問題（Thompson & Henderson, 2007, 2011）。案主透過學習監控自己的行為、練習新技能、完成家庭作業來幫助自己達到目標。

　　行為諮商基本上就是一種重新的學習。諮商員幫助案主擬定計畫、增加正向行為的產生，並減少或消除適應不良或有害的行為。諮商員依照學習理論和增強原則，幫助案主實現特定的目標。操作制約、增強和懲罰原則的使用是行為治療的關鍵。儘管超出了本書的範圍，讀者必須理解正增強、負增強、懲罰和削弱等概念。

　　應該指出的是，行為治療的運用未必需要排斥另一種治療方式，它是可以與人本中心或短期治療諮商等取向共同運用的。在作者（LA）的實務工作中，最成功的案例通常是在諮商初期階段，以高度人本中心的取向與案主建立信任、誠摯的尊重、融洽的關係，等到案主願意與你一起工作後，再引入「個別化的行為改變計畫」，幫助案主系統性的增強成功經驗，以改變他們的問題行為；這會比單純的只運用行為諮商更有成效。

E. 遊戲治療

　　如本書第 2 章所述，遊戲治療是一種輔導兒童的方法，其中諮商員使用戲耍、玩具和遊戲作為主要溝通工具，從而允許孩子用非口語行為來表達他／她的想法和感受。使用遊戲作為兒童主要溝通方式的信念是：兒少案主和成人案主不同，他們較缺乏抽象推理、自我覺察和溝通的技巧；而這些是認識和處理他們內在感受的必要技能。相對的，娃娃、玩具、藝術品、創作性活動和遊戲可以用來幫助孩子標示、分辨、處理和表達可能會讓他們感到不安或困惑的感受（Kottman, 2004;

Landreth, 2002）。

大多數 12 歲以下的兒童可以從某些形式的遊戲治療中獲益。當然，這必須根據孩子的身心發展和認知階段，以及他／她的興趣來量身訂做。雖然遊戲治療的療效在過去文獻中有一些爭議和批評，但截至目前為止，遊戲治療對許多不同問題的療效已經在多個整合性的研究得到支持（Bratton & Ray, 2000; LeBlanc & Ritchie, 1999; Ray, Bratton, Rhine, & Jones, 2001）。

與行為治療類似的是，我們不需要因遊戲療法而排斥與其他治療法的融合運用。透過內化遊戲、諮商員無條件的正向關懷的態度，兒童可以變得更加自我接受和自我依賴。因此，將遊戲治療納入諸如認知行為治療之類的療法，不但可以滿足兒童身心發展的需求，並能創意的整合運用這些心理療法。Myrick 與 Green（2012）提出整合遊戲治療及實證支持療法運用於強迫症的實務工作模式，有興趣的讀者可以參考該文的具體想法及做法。

總而言之，遊戲治療是特別能夠催化兒童參與和具療效的方法。當然，就像任何其他治療法一樣，它必須剪裁至適合兒童特定需求、興趣和能力的程度。

F. 家庭治療

家庭諮商和個別諮商最主要的不同在於：家庭諮商比較著重家庭及其成員間的互動，它的處遇措施總是以整個家庭系統運作為考量。家庭諮商應該是「涵蓋了家庭中各單位——可能是個人、丈夫與妻子、父母與子女，或整個家庭，包括所有住在家裡的人」（Thompson & Henderson, 2007, p. 335）。諮商員應該對家庭的定義具文化敏感度。

儘管對不同家庭治療取向的全面介紹超出了本書的範圍，但我們希望至少傳達一個概念，也就是那些真正想幫助兒童的專業人員必須要有與案主家人工作的能力。「**只與孩子建立良好的諮商關係並不夠，家庭有能力支持或破壞治療。為了能真正理解孩子的問題，諮商員必須在家庭的環境脈絡中理解孩子。**」（Golden, 2004, p. 451）有些短期家庭治療的策略，包括：短期家庭諮詢、解方焦點家庭治療、策略家庭治療等取向，也都如同其他治療，逐漸整合，並形成折衷學派。諮商員必須能了解兒童的原生家庭，尋求督導和訓練，以便為兒童謀求最大福祉（Golden, 2004; Thompson & Henderson, 2007, 2011）。

G. 以創意和創新技術加強實證為基礎的處遇措施

　　Bradley、Gould 與 Hendricks（2004）回顧了一些可以有創意加強兒童青少年治療的技術，這裡介紹這些創意式治療法：

- **藝術治療技術**對與多元族群合作特別有幫助，因為此技術取向可以超越文化界限。類似於遊戲治療，兒童透過藝術的創造性表達，可以安全表達出難以啟齒的困難或難以形容的感受（Bradley et al., 2004; Gladding, 1995）。藝術是放鬆和令人感到慰藉的，並可以促進各種媒材的運用。在使用藝術治療技術時，諮商員應該允許案主選擇他們想要使用的媒材——不能限制孩子只能繪畫。其他有效的媒材包括黏土、肥皂或多元媒體。**諮商員應看待兒童藝術作品如同案主的其他資料，從而保護案主所有藝術作品的隱私和保密性。**

- **閱讀治療（bibliotherapy）**是另一種已被納入諮商多年的技術。閱讀治療透過閱讀書籍以便使案主更理解自己，並協助個人解決問題的過程（Pardeck, 1995）。它可用於與案主建立關係、探索案主觀點、

促進案主的洞察力，並且教育及調整案主定位（Bradley et al., 2004; Jackson, 2000）。書籍內容可以被閱讀、擴展、連結、創造或演出。美國心理學會（APA）的 Magination Press 就專門出版為諮商治療用途而設計的書（www.apa.org/pubs/magination/）。

• **音樂療法**在作者（LA）的實務工作中一直是一種最常用的技術。如果准許兒少案主分享他們的音樂興趣和喜好，他們就會頓時「活」起來。音樂有助於減輕憂鬱、焦慮、孤獨和悲傷的感受，並有助於澄清生長發展的議題和自我認同。音樂可以促進療癒，被認為是協助兒童青少年有效的輔助手段之一（Bradley et al., 2004; Newcomb, 1994）。對於難以口語表達自己的案主而言，這是一種理想的諮商技術。有興趣的讀者請參閱 Bradley 等人（2004）對兒童心理治療中使用音樂的概述和具體建議。這本書也評介其他創意和創新的技術，包括想像引導、布偶、角色扮演、講故事、比喻、治療性寫作和多元文化技術等。兒童青少年對這些創造性過程特別有反應，因此應在諮商過程中積極的選用。

H. 多重系統治療

多重系統治療（multisystemic therapy, MST）被認為是外化兒童心理健康問題的一項革命性治療措施（Borduin, Schaeffer, & Heiblum, 2009; Henggeler, 1999; Pane, White, Nadorff, Grills-Taquechel, & Stanley, 2013）。多重系統中包括兒童、家庭、同儕團體、學校、鄰居、社區和更大的社會等系統。基於生態學治療模式，多重系統治療視每個兒童的行為是被多重系統的互動網絡所影響（Bronfenbrenner, 1979; Pane et al., 2013）。

多重系統治療最初是針對具有反社會行為的青年所發展出來的

（Painter, 2010），目標是減少這些反社會行為青年的問題和違規行為並降低他們被監禁的比率（Curtis, Ronan, & Borduin, 2004; Pane et al., 2013）。為了實現這些目標，多重系統治療諮商員必須促進家庭支持性關係、親職技能、鼓勵青年正向的發展以及成功的學校經驗。這計畫最後依照兒少案主和家庭需求、周邊系統，融合實證基礎和聚焦於問題的治療取向，為案主量身打造處遇措施並據以實施。此取向的諮商目標是所有人共同參與合作決定的，而家庭也積極參與治療的各個階段。傳統上，多重系統治療的處遇服務包括初談評估、兒少案主及兒少案主家庭分別的個別諮商、同儕諮商、穩定危機和案主管理。為主動解決障礙，多重系統治療會在家庭、學校和社區提供治療，並會以家庭方便的時間來安排會談（Curtis et al., 2004; Painter, 2010; Pane et al., 2013）。

因為考慮到治療強度，每位多重系統治療諮商員只負責四到六個家庭。治療通常持續三到五個月，每個家庭和諮商員直接接觸的時間平均是 60 小時，但會根據需要提供全天候的支持（Pane et al., 2013）。

儘管所要求的工作強度和明顯的高成本，但研究普遍肯定多重系統治療的正面療效（Borduin et al., 2009; Curtis et al., 2004; Henggeler, 1999; Painter, 2010; Pane et al., 2013）。因此，應用多重系統治療於其他問題的興趣不斷持續增加。研究者及臨床實務工作者對多重系統治療感到興趣，也可能因為其來自 Bronfenbrenner 的生態系統理論及多重成分的取向。

大多數兒童青少年的心理問題是多種因素影響的結果，因此多重系統處遇措施在現實世界中可能最具可應用性和有效性。總之，如果社區有資源可用，諮商員應該考慮探索如何在其實務工作或機構中採用多重系統治療。

51 考慮整合的治療法

對於兒少案主而言，成功有效的心理療法很少是單一理論的；即使是「黃金標準」的認知行為治療，最初也是一個綜合性的取向。Kruege 與 Glass（2013）最近發表了一篇實務取向的文獻整理；這篇文獻的重點是有關心理治療實務工作的派典整合，所有讀者應都會受益。鑑於人類行為的複雜性以及美國心理學會（APA）所推展的「以實證為基礎的實務工作」（EBP），整合諮商取向將是未來的潮流。雖然有關如何實施的細節研究仍在持續發展，想像各種諮商取向，如：正念、依附理論、遊戲治療和認知行為治療等，都可以互相融合形成真正有效的治療方法，以幫助需要的兒童和其家庭；這對與兒少案主工作的諮商員來說，是何其令人興奮的時刻！我們應對實證研究文獻、臨床督導和社區資源繼續用心檢視，使得以實證為基礎的實務工作能更完善的發展和應用。

本章摘要和討論

本章說明「以實證為基礎的實務工作」（EBP）、「實證支持治療法」（ESTs）的議題，以及兒童青少年的當代心理治療處遇措施取向。為幫助你理解和應用本章的資訊，請思考下列問題：

■ 在閱讀本章之前，你是如何界定「以實證為基礎的實務工作」（EBP）的？請對自己實務工作中的三個要素進行評論：臨床專業知識、研究證據，以及案主／背景脈絡因素。這三個領域中的哪一個可以使你在專業上有更進一步的發展？

■ 你能否想到在本章未提到的「實證支持治療法」（ESTs）的其他不足或缺點？

■ 你對 PWEBS 或 PracticeWise 數據庫（www.practicewise.com/Home.aspx）有何看法？你認為它應該是一個免費的數據庫嗎？

■ 你最常運用哪一種當代心理治療法？

■ 你想要在自己的實務工作中融入哪些創意或創新的心理治療法？

■ 在閱讀本章後，你會希望學習哪些新的諮商技術或治療方法？給自己訂定至少一或兩個專業發展目標。

■ 你的社區是否有多重系統治療（MST）的機構？如有，給自己定下目標去了解附近社區的多重系統治療是如何提供服務運作的。

參考文獻

American Psychological Association. (2006). Evidence-based practice in psychology. *American Psychologist*, *61*, 271-285. doi:10.1037/0003-066X.61.4.271

Bradley, L. J., Gould, L. J., & Hendricks, C. B. (2004). Using innovative techniques for counseling children and adolescents. In A. Vernon (Ed.), *Counseling children and adolescents* (3rd ed., pp. 75-110). Denver, CO: Love.

Bratton, S., & Ray, D. (2000). What the research shows about play therapy. *International Journal of Play Therapy*, *9*, 47-88.

Borduin, C. M., Schaeffer, C. M., & Heiblum, N. (2009). A randomized clinical trial of multisystemic therapy with juvenile sexual offenders: Effects on youth social ecology and criminal activity. *Journal of Consulting & Clinical Psychology*, *77*, 26-37.

Bronfenbrenner, U. (1979). *The ecology of human development*. Cambridge, MA: Harvard University Press.

Cohen, J. A., & Mannarino, A. P. (2008). Trauma-focused cognitive behavioral

therapy for children and parents. *Child and Adolescent Mental Health, 13*, 158-162.

Curtis, N. M., Ronan, K. R., & Borduin, C. M. (2004). Multisystemic treatment: A meta-analysis of outcome studies. *Journal of Family Psychology, 18*, 411-419.

Frankel, S. A., Gallerani, C. M., & Garber, J. (2012). Developmental considerations across childhood. In E. Szightey, J. Weisz, & R. Findling (Eds.), *Cognitive-behavior therapy for children and adolescents* (pp. 29-74). Arlington, TX: American Psychiatric Publishing.

Gladding, S. (1995). Creativity in counseling. *Counseling and Human Development, 28*, 1-12.

Golden, L. (2004). Working with families. In A. Vernon (Ed.), *Counseling children and adolescents* (3rd ed., pp. 451-468). Denver, CO: Love.

Henggeler, S. W. (1999). Multisystemic therapy: An overview of clinical procedures, outcomes, and policy implication. *Child Psychology & Psychiatry Review, 4*, 4-9.

Jackson, T. (2000). *Still more activities that teach*. Salt Lake City, UT: Red Rock.

Kottman, T. (2004). Play therapy. In A. Vernon (Ed.), *Counseling children and adolescents* (3rd ed., pp. 111-136). Denver, CO: Love.

Krueger, S. J., & Glass, C. R. (2013). Integrative psychotherapy for children and adolescents: A practice-oriented literature review. *Journal of Psychotherapy Integration, 23*, 331-344.

Landreth, G. L. (2002). *Play therapy: The art of the relationship* (2nd ed.). New York, NY: Brunner-Routledge.

LeBlanc, M., & Ritchie, M. (1999). Predictors of play therapy outcomes. *International Journal of Play Therapy, 8*, 19-34.

Littrell, J. M. (1998). *Brief counseling in action*. New York, NY: W. W. Norton.

Littrell, J. M., & Zinck, K. (2004). Brief counseling with children and adolescents: Interactive, culturally responsive, and action-based. In A. Vernon (Ed.), *Counseling children and adolescents* (3rd ed., pp. 137-162). Denver, CO: Love.

Lyon, A. R., Lau, A. S., McCauley, E., Vander Stoep, A., & Chorpita, B. F. (2014). A case for modular design: Implications for implementing evidence-based interventions with culturally diverse youth. *Professional Psychology: Research and Practice, 45,* 57-66.

March, J. S. (2009). The future of psychotherapy for mentally ill children and adolescents. *Journal of Child Psychology and Psychiatry, 50,* 170-179.

Myrick, A. C., & Green, E. J. (2012). Incorporating play therapy into evidence-based treatment with children affected by obsessive compulsive disorder. *International Journal of Play Therapy, 21,* 74-86.

Newcomb, N. S. (1994). Music: A powerful resource for the elementary school counselor. *Elementary School Guidance and Counseling, 29,* 150-155.

Painter, K. (2010). Multisystemic therapy as an alternative community-based treatment for youth with severe emotional disturbance: Empirical literature review. *Social Work in Mental Health, 8,* 190-208.

Pane, H. T., White, R. S., Nadorff, M. R., Grills-Taquechel, A., & Stanley, M. A. (2013). Multisystemic therapy for child non-externalizing psychological and health problems: A preliminary review. *Clinical Child and Family Psychology Review, 16,* 81-99.

Pardeck, J. (1995). Bibliotherapy: Using books to help children deal with problems. *Early Child Development and Care, 106,* 75-90.

PracticeWise. (2013). *Evidence-based services database.* Satellite Beach, FL: Author.

Ray, D., Bratton, S., Rhine, T., & Jones, L. (2001). The effectiveness of play therapy: Responding to the critics. *International Journal of Play Therapy, 10,* 85-108.

Schmidt, S. S., & Schimmelmann, B. G. (2013). Evidence-based psychotherapy in children and adolescents: Advances, methodological and conceptual limitations, and perspectives. *European Child & Adolescent Psychiatry, 22,* 265-268.

Thompson, C. L., & Henderson, D. A. (2007). *Counseling children* (7th ed.). Belmont, CA: Thomson Higher Education Brooks/Cole.

Thompson, C. L., & Henderson, D. A. (2011). *Counseling children* (8th ed.). Belmont, CA: Thomson Higher Education Brooks/Cole.

Vernon, A. (2009). *Counseling children & adolescents* (4th ed.). Denver, CO: Love.

Weisz, J. R. (2014). Building robust psychotherapies for children and adolescents.

Perspectives on Psychological Science, 9, 81-84.

Weisz, J. R., Jensen-Doss, A. J., & Hawley, K. M. (2005). Youth psychotherapy outcome research: A review and critique of the evidence base. *Annual Review of Psychology, 56*, 337-363.

Weisz, J. R., Kuppens, S., Eckshtain, D., Ugueto, A. M., Hawley, K. M., & Jensen-Doss, A. (2013). Performance of evidence-based youth psychotherapies compared with usual clinical care: A multilevel meta-analysis. *JAMA Psychiatry, 70*, 750-761.

Chapter 6

危機處遇、
強制通報及
相關議題

兒童青少年和其家庭常在發生危機時尋求我們的服務。儘管有關學校危機的預防和處遇的文獻不斷增加，但針對專業諮商員所需的危機處遇的文獻相對較少。最近一個對專業諮商員的研究顯示，大多數新近獲得資格的諮商員在研究所只接受最低限度的危機處遇訓練課程（Morris & Minton, 2012）。本章提供與危機處遇有關的簡要概念，包括強制通報以及因危機而引發的創傷或悲傷。

52 發展危機處遇技能

Kanel（2003）為兒童青少年和其家庭的危機提供了一個清楚簡明的定義。危機有三個特徵：(1) 由於突發事件，降低了個人或家庭的心理、情緒或行為功能；(2) 由於突發事件的混亂而引發主觀的悲苦情緒；(3) 無法執行平常的問題解決或因應策略。因此，在危機情況下，我們面對的是低於平時能力水準的案主（Sullivan, Harris, Collado, & Chen, 2006）。危機需要立即的處遇，以幫助人們恢復常態或平衡的心理社會及行為功能（Gentry & Westover Consultants, 1994）。請參閱Kanel（2003）更全面的危機處遇說明。

儘管大多數諮商員未曾接受危機處遇的正式訓練（Morris & Minton, 2012），但面對處在危機中的兒少案主，諮商員都同意與危機案主工作的基本步驟應與典型的初談行為不同（Meier & Davis, 2011）。

對兒少案主進行危機處遇，首要和最關鍵的步驟之一是「自殺風險」（suicide risk）或「致死可能性評估」（lethality assessment）。致死可能性評估在於查明自殺風險程度或實際企圖自殺的可能性。

在繼續討論之前，要注意本章節只是一個簡短的概述。關於更全

面的自殺評估討論，請參考美國精神醫學學會（APA）自殺行為工作小組發行的《實務工作指南》（*Practice Guidelines*, 2003）。此外，這裡所討論的基本要素，並沒有包含不同文化在危機處遇和自殺風險評估可能會有的差異（更完整的討論請見 Chu et al., 2013 或 Sullivan et al, 2006）。新手諮商員應盡早熟悉自己所服務的機構對有自殺意圖案主的處理程序；如果案主自殺可能性很高，也應盡快與督導討論（Meier & Davis, 2011）。

A. 評估自殺風險：特定性—致命性—獲取便利性—鄰近性—先前嘗試（Specificity-Lethality-Access-Proximity-Prior Attempts, SLAP-P）

不會因為你和案主直接討論自殺的想法和感覺，而使案主有自殺意念；因此，**在晤談中只要案主顯示任何已經考慮要傷害自己的跡象，諮商員需要直接表達明確的關注**（Meier & Davis, 2011）。根據美國精神醫學學會（APA, 2003）的建議，自殺風險的評估包括下列要項：

(1) 案主精神疾病症狀；

(2) 家族自殺歷史，或案主自殺嘗試的紀錄；

(3) 案主的能力和脆弱性；

(4) 案主當前的心理社會狀況。

上述的字母縮寫 SLAP 主要在協助專業人員牢記致命性或自殺風險評估的關鍵要素（請參見以下內容）。根據研究，**青少年自殺成功的最佳預測因素是先前的自殺嘗試紀錄**（Harrison, 2013; Thompson, Kuruwita, & Foster, 2009），所以我們建議兒童青少年諮商實務工作者

使用修改的 SLAP-P 的字母縮寫（特定性—致命性—獲取便利性—鄰近性—先前嘗試）用於兒少案主：

- **特定性（S）** 具體的、詳細的自殺計畫比含糊的想法更致命。

> 諮商員：你曾經想過如何自殺嗎？
>
> 案主 A：我父親的槍在我家的櫃子裡，已經上膛。星期六在他上班時，我會拿到他的鑰匙，然後把槍拿到樹林裡去……我不想把房子裡弄得一團糟。
>
> 案主 B：我會去格蘭德島大橋，騎我的自行車到頂端，然後跳下去。
>
> 案主 C：……還沒仔細想過，可能吃藥吧。

在上面的例子中，案主 A 和 B 都已經有特定的計畫，使他們至少處於中等風險；而案主 A 的風險最大，因為案主 A 不僅明說具體方法，而且包含確切的時間和地點；他／她的計畫已深思熟慮，非常詳細。而案主 C 在特定性（S）向度上的評估，其致命性相對稍低。

- **手段的致命性（L）** 自殺手段或方法有多致命？一旦開始，它可以反轉撤回不做嗎？在上面的例子中，案主 A 和 B 都提出了高度致命的想法；包括使用槍械、從很高的位置跳下，或跳到行駛中的車輛前，都是非常致命的。另外，如拿刀割自己、吃過量藥物，或者衝動魯莽駕駛（即企圖撞車）等手段的致命性相對稍低，因為案主在嘗試自殺之後比較有可能改變主意或有時間伸手尋求幫助。

- **獲取工具或手段的便利性（A）** 案主預定使用的自殺手段或工具有多麼容易獲取？是否案主本身就擁有這些工具，或在案主唾手可得的

範圍內？案主是否必須購買、借用或偷取這些工具？如果是這樣，案主可以輕易做到嗎？諮商員應該探索這些議題，並進行查詢。毋庸置疑，如果青少年可以很容易拿到裝有子彈的槍枝是具有很高的致命性。

　　隨著網路的興起，青少年有更多的管道去獲得其他高度致命的方法，特別是有些網站甚至提供「如何自殺」的指導。因此，諮商員應盡可能去獲得此類的具體細節。例如，如果一位青少年在網路學到「自殺懶人包」，並已經購買了一個氦氣罐和用品（Schön & Ketterer, 2007），那麼這和在家中擁有上膛的槍，其致命的嚴重程度幾乎是相同的。

- **鄰近性（P）**　兒童或青少年孤獨一人的程度如何？兒童孤立的程度會影響他們致死的風險。如果兒少案主經常有很多朋友和家人在身旁，他們當中的一個人可能會注意到孩子，並介入、阻止案主自殺的企圖或沒收自殺工具。當然，這需要與周遭的人進行公開明確的溝通。

- **先前的嘗試（P）**　預測自殺，就像預測諮商中的許多其他事件一樣，是非常不準確的（Meier & Davis, 2011）。然而，如果案主以前曾經認真嘗試自殺——尤其是當上述 SLAP 各評估向度的致命程度令人擔心時——兒少案主的致命嚴重性將顯著升高。

　　總而言之，如果 SLAP-P 的評估讓你認定案主有致命的自殺意圖，或嚴重自我傷害的高風險，則你有倫理和法律責任採取行動，挽救該兒少案主的生命（Meier & Davis, 2011）。當然，為挽救案主的生命，保密原則可能會被打破。即刻進行諮商、緊急危機服務、自願或非自願的

住院治療，都是可能的必要措施（APA, 2003; Meier & Davis, 2011）。即使自殺風險相對較低的案主，只要他們仍處於危機中，諮商員仍必須採取具有指導性和主動性的互動方式。下面是其他危機處理策略的建議。

B. 控制局勢

當案主有自殺意圖時，諮商員必須用比較指導性的態度並採取行動。很多時候，案主感到生活嚴重失控或已經對生命放棄希望，此時諮商員要協助案主建立生活的結構感，以催化案主生活的常規和建立對生命的可預測感（Meier & Davis, 2011）。也就是說，諮商員主動帶領是完全適切的。

如果案主正處於危機時期，諮商員可能需要更頻繁的和案主會談；案主會因此感受到被認可，並與諮商員產生情感的連結。這時幫助案主建立健康的生活常規，並協助案主發現會讓他／她情緒愉悅的活動是非常重要的。

與案主合作共同訂定具體、清晰和詳細的安全計畫也至關重要。在安全計畫中列出可以幫助案主冷靜下來的具體行為、可以支持案主的人的名單，如在學校或宗教機構裡案主喜歡的教師、諮商員、教練等通常都是理想的人選。鼓勵案主主動聯繫這些可以提供情緒支持的人，並告知他們是案主安全計畫的一部分。通常兒少案主需要被鼓勵去接觸那些能提供安全關愛的成年人，但諮商員要記得獲取與這些人溝通的書面同意書。

除此之外，確定案主知道如果在固定晤談之間需要和你會面時，你的時間是如何；並要提供一個備用計畫〔如：當地的危機服務機構電

話、服務機構值勤（諮商員）的電話，或熱線電話號碼〕。上述所有資訊——包括安全計畫、支持人的名單和全天候的「安全網」等——都要請案主在你面前寫下，並影印一份，以便放入個案紀錄或供將來不時之需。

C. 關注案主的能力和優勢

正向心理學和以優勢為基礎的實務取向的做法並不新；然而，它們在危機時期尤顯重要（Greene, Lee, Trask, & Rheinscheld, 2005; Meier & Davis, 2011）。在此時期，*即使看起來很小的優勢能力或特點，諮商員都要去認可及強調。當然，同時要注意觀察案主可接受你作正向歸因的程度。*如果你的案主能接受被賦能，就有可能開始接受自己的正向特質，增加對未來前景的樂觀感，最終重新獲得對生命的控制感。

D. 發動社會資源並和家人互動

如果案主目前沒有較強的社會支持網絡，諮商員可以鼓勵兒少案主往外尋求援助，以及依靠朋友和家人。因為對具有精神心理症狀的羞愧，青少年可能完全沒有考慮與「現實生活中任何人」接觸。如果一個家庭傾向於否認消極的感受或情緒，那麼孩子可能會被迫孤獨的去承受這些負面消極的情緒。諮商員要評估兒少案主家庭成員或好朋友可以協助的程度。如前所述，有些關懷學生的學校人員或宗教機構人員，如果他們知道這種情況，往往願意提供協助。

案　主：我媽從來沒有注意到我的任何優點。我覺得在我媽的眼裡，我
　　　　永遠沒有做對任何事情（註：這是這孩子一個很直觀但相當準

確的感覺。儘管諮商員反覆嘗試與母親聯絡，希望案主母親可以鼓勵案主並更積極的和案主互動，但母親一直抗拒，並拒絕進行她自己心理症狀的治療）。

諮商員：當離你最近的人不能「看見」你的……（後面是支持性認可的語句）時，真令人沮喪……你曾經談過在上藝術課時，以及和你奶奶在一起的時間，你對自己的感覺有多好。我很高興你曾經有這些美好的經驗。你有沒有想過問你的美術老師，是否可以和她一起吃午餐，或者有時候在她的教室裡多留一會兒？

案　主：不要！她會認為我瘋了！

諮商員：你可以只分享你想分享的東西。先表達你對她課程的興趣，然後說你希望多花一點時間與她在一起，這是第一步。然後我們可以再討論你是否願意，或者如何和她分享更多。

案　主：嗯……是的，我注意到其他同學會在她的教室和她聊天。也許我會考慮一下。

諮商員：太棒了！奶奶呢？讓我們來談談如何花更多時間陪她……

　　在這個例子中，這位青春期的少女從來沒有**考慮過**和這些成年人有連結。她以為諮商員要她去向這些人表白「一切」，這使她感到猶豫。有時兒少案主需要諮商員明確指導如何去接近這些可提供關懷支持的成人；教導案主如何以謹慎但公開的方式自我表達，並發展有意義的關係。青少年對於社會性賦能的接受度相當高。

　　在作者（LA）的實務工作中，幾乎 100% 的青少年案主已經與安全的成年人建立了支持性的社會情感。有些延伸家庭成員（如：祖父母、姑姑、阿姨、伯伯、舅舅、堂表兄姊等人）也會願意接受兒少案

主，並發展更親近的關係。

上述的案主和美術老師連結的例子，對案主而言另具意義，因為和美術老師的連結強化進而鼓勵了案主發展她的藝術才能。順便一提，這位青少年案主在放學後，每週留在她的美術老師教室三次，並在另外兩天與她的祖母一起喝熱巧克力。當然也要記住，可悲的是，不是所有的成年人都願意對青少年伸出援手。作為一名諮商員，你要提前為這種可能性給案主做準備，並著手 B 計畫。

E. 了解並使用社區和科技的支持

感謝現代科技，諮商員比以前更容易表列出一張社區支持機構、志工和其他兒童青少年醫療保健專業人員的資源清單。事先花些時間接觸和聯繫當地的資源機構，將使與社區資源未來的合作更順利。例如，當諮商員在轉介案主*之前*，主動聯絡當地精神療養醫院的社會工作者，會讓這些專業工作者感到「清新的安心」（refreshing relieved）（L. Anderson，個人通信，2013/10/8 & 20）。

努力分別與你社區中的其他機構及專業人士聯繫討論，確定哪些機構最能提供有效的危機緊急服務。獲得這些資訊後要記下來，以便在案主或家庭需要時可以及時提供。

最後，與社區中的家庭醫師保持溝通是非常寶貴的。如果你的社區對兒童青少年的精神醫療服務有限，你案主的家庭醫師可能可以是案主一些輕微精神症狀開立醫療處方的專業人員。花些心力去認識這些社區家庭醫師。值得注意的是在後續追蹤，許多兒少案主的家庭為了減少因患有精神症狀的汙名，他們可能更願意到家庭醫師診所回診。

Harrison（2013）發現下面這些網站提供與危機或有自殺意圖兒少

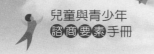

案主工作的一些有用資訊：

- 美國兒童青少年精神學會（www.aacap.org）
- 美國預防自殺基金會（AFSP; www.afsp.org）
- 美國預防青少年自殺中心（www.suicidology.org/ncpys）
- 物質濫用和心理健康服務管理局（SAMHSA），提供自殺評估 五步驟的評量和分類（SAFE-T; samhsa.gov）
- 預防自殺資源中心（www.sprc.org）

53 學習及理解悲傷、失落和創傷

　　人類在危機中常體驗悲傷、失落和創傷的感受及經驗。本書雖然無法詳細討論，但諮商員必須了解兒童青少年在這狀態下的反應。兒少案主處在不同的身心發展階段和具不同的認知能力程度，對悲傷和創傷的理解及處理也不同（Cohen & Mannarino, 2004）。不幸的是，在孩子成年之前，經歷創傷事件並非罕見。一個國際性的研究發現，大約有25%的兒童在長大成人之前曾受到性虐待、身體虐待或家庭暴力事件的影響。另外，戰爭、自然災害、車禍事故、暴力、恐怖主義和難民的經歷都可能導致創傷反應。令人遺憾的是，如果未及時治療，那些未解決的創傷或悲傷相關的後遺症會持續到成年（Cohen & Mannarino, 2008; Cook et al., 2005）。

　　Meier 與 Davis（2011）指出，評估案主如何因應悲傷、失落或創傷至關重要。對兒童青少年來說，可能更為重要的是注意情境脈絡的特徵，以及注意典型創傷之外的反應（Cook-Cottone, 2004; Jones, 2008）。事實上，越來越多的研究文獻指出，大多數只經歷一次創傷事

件或情境的兒童不一定會發生創傷後症狀，除非他們反覆經歷這個創傷
或加上其他風險因素（Jones, 2008）。因此，仔細注意兒童和家庭的需
求、優勢和資源是重要的。最近對兒童創傷反應的研究強調系統性、
脈絡情境性，和生態模式的處理和治療（Cook-Cottone, 2004; Ellis et al.,
2012; Jones, 2008）。

　　遭受複雜創傷的存活者可能表現出失衡或有問題的症狀（Cohen
& Mannarino, 2008; Cook et al., 2005; Gillies, Taylor, Gray, O'Brien, &
D'Abrew, 2012），最常見的是情感、行為和認知功能失調的症狀。對
兒童複雜的創傷反應，最著名有效的治療方法是照顧者參與的「創傷
中心認知行為治療」（TF-CBT）。Cohen 與 Mannarino（2008），還有
Cook 及其同事（2005）在這方面有極精準但又具廣度的摘述。

　　Cohen 與 Mannarino（2008）使用字母縮寫 PRACTICE 來代表創傷
中心認知行為治療的組成要素：「心理教育和親職技巧（P）、放鬆技
巧（R）、情感規範技巧（A）、認知因應技能（C）、創傷事件的敘
述和認知處理（T）、即時掌握創傷的提醒（I）、兒童照顧者聯合會
議（C）、加強安全和未來的發展軌跡（E）」（Cohen & Mannarino,
2008, p. 159）。創傷中心認知行為治療的核心原則是逐漸暴露（gradual
exposure）（Cohen & Mannarino, 2008; Gillies et al., 2012），隨著諮商
的進展，創傷暴露經驗的強度會逐漸增加。請見 Cohen 和 Mannarino
（2008）或 Cook 等人（2005）對複雜創傷反應治療方式更深入的介
紹。

　　創意和藝術治療也常被用於幫助創傷倖存者，以協助他們處理和
調整受創的情感（Cohen & Mannarino, 2008; Jones, 2008）。在我（作
者 LA）的實務工作中，曾經經歷過一個最震撼的晤談是一位 13 歲的

案主。在回應有關她創傷的問題時，她當場開始自發性的寫作。這次晤談開啟了一系列三次沒有口語表達的晤談。我建議在晤談時播放音樂，一首首動人的古典音樂變成背景音樂，而案主和我用鉛筆來回的對寫，夾雜她間歇性的繪圖。鉛筆在紙上寫的聲音和音樂的樂音，以及其中交流的情感，對案主和我都產生了強烈的衝擊。她覺得「寫」是她可以安全表達經驗的方法，而與其在家裡寫好東西帶來，她更願意在晤談現場「活生生」的寫東西給我。只要孩子有足夠安全感，願意以藝術或創意來建構個人敘述（personal narrative），這種互動方式常更具有療效。

54 熟悉強制通報的內容及作法

正如創傷和悲傷的反應往往伴隨著危機情境一樣，我們這些與兒少案主一起工作的人，因為兒童被虐待事件而向政府機構進行通報是常見的事。在美國，任何以專業身分與兒少案主一起工作的人，如果有**合理的理由懷疑**兒少案主受到虐待或被忽視，在法令上有義務聯繫兒童保護服務機關（Crowell & Levi, 2012; Gateway, 2012）。自 1974 年美國國會通過《兒童虐待預防和治療法案》以來，這一直是兒童實務工作者職涯的一部分。雖然該系統旨在保護兒童的最大利益，但許多專業人員報告 (1) 運用通報系統的困難，(2) 對機構通報後的反應缺乏信心，以及 (3) 擔憂通報後對治療同盟關係的影響（Strozier et al., 2005）。

A. 了解政府的法令和專有名詞

政府法規概述了哪些事件必須通報、由誰通報、通報的標準格式、哪些通訊有保密特權、到什麼程度必須包含通報者姓名，及通報者身分

是否會被披露等（Bean, Softas-Nall, & Mahoney, 2011; Gateway, 2012）。
事實上這些有關虐待的法律定義仍存有灰色地帶，因此，如果你還沒
有完全理解有關的法定通報法，接受諮詢督導是非常重要的。兒童福
利資訊網站（Child Welfare Information Gateway, 2012, www.childwelfare.
gov）提供了大量免費和翔實的有用資訊，包括政府的具體法規。

　　美國有關懷疑兒童受虐的官方通報門檻的關鍵法定措辭，因各州
而異。例如，有 22 個州用「相信」（belief）這個詞；其餘 28 個州用
「懷疑」（suspicion）（Gateway, 2012; Levi & Portwood, 2011）。正如
Levi 與 Portwood（2011）所點出的，在「相信」和「懷疑」虐待兒童
之間存在實際和概念上的差異。「相信」意味著某種程度的確定性；
然而，強制通報的門檻不該要求有非常確切的證據（Crowell & Levi,
2012; Levi & Loeben, 2004; Levi & Portwood, 2011）。

B. 考慮用「可能性門檻」

　　鑑於法律的措辭可能會影響對強制通報門檻的解釋，因此可考慮
使用「可能性門檻」（probability threshold）。正如 Levi 與 Portwood
（2011）指出的，當「合理懷疑」被定義為「被虐待的可能性有 > 25%
的機會發生」時——與較模糊的「懷疑」相比，實務工作者通報懷疑兒
少案主被身體虐待和性虐待的機率，會比現在高出 2 至 3 倍。這並不意
味著 25% 是神奇的門檻百分比數字；然而，清楚規定通報門檻數值可
能會改進通報的有效性。當然，這個提議仍需進行更多的研究，而且任
何改變都需要伴隨清楚的訓練及配套措施（Levi & Portwood, 2011）。

C. 使用 Levi 與 Portwood 的架構

Levi 與 Portwood（2011）提出了一個幫助兒童青少年實務工作者決定是否應通報可能施虐行為的架構。他們允許本書作者與讀者分享這個架構。這個架構是一個包括**感覺、條件情況和可能性評估**的「決策樹」，可幫助實務工作者回答：「你有沒有合理的理由懷疑兒少案主受虐？」（見下頁圖 6.1）。

D. 面對通報後案主的反應並尋求督導

諮商員，尤其是新手諮商員，當面臨要破壞保密原則以便向當局通報時，可能會感到強烈的懷疑、焦慮和不確定性。案主，尤其是青少年與某個年長的成年人發生戀情時——可能會覺得被通報這種不恰當關係的諮商員所背叛。案主會感到被傷害、困惑、憤怒和被遺棄，這些情緒反應是諮商員必須預見並做好心理準備的。有時，其他家庭成員或照顧者可能認為青少年與年長成年人的性關係是沒關係的，而不願意接受規定的性虐待通報。他們可能認為諮商員越界搶奪了照顧者的角色而感到憤怒（Bean et al., 2011）。之前的研究顯示，當青少年案主因諮商員的強制性通報而生氣或感到被拋棄時，27% 的青少年和其家人會中止諮商（Steinberg, Levine, & Doueck, 1997）。

▶ 你什麼時候應該通報？

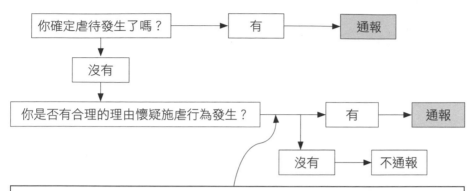

幫助決定「你是否有合理的理由懷疑施虐發生？」的思考問題

A. 感覺

— 你對所觀察到的現象的正確性有信心，是基於

　1. 所觀察的時間

　2. 對觀察對象的熟識度

　3. 對證據的檢視

　　a. 明確的言辭

　　b. 你親自觀察過

— 你對自己的判斷有信心，是基於

　4. 過去類似或相關的經歷

　5. 解釋是「合理」的

B. 條件情況

　1. 孩子很脆弱

　2. 你有其他人沒有的資訊或洞察力

　3. 沒有人會去通報

C. 可能性評估

　1. 你認為這孩子可能已被虐待

　2. 你認為如果你不通報，不好的事情可能會發生

　3. 你認為將來可能會發生施虐行為

　4. 你認為通報可能利多於弊

* 已獲得原作者許可轉載（Levi & Portwood, 2011）

圖 6.1　是否通報施虐行為的思考評估架構

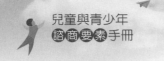

55 轉介時請謹慎周延

　　本節討論如何將案主轉介給其他專業人員的議題。如果你的案主或其家人不願再和你繼續進行諮商，你必須準備轉介給其他能夠繼續與孩子和其家人一起工作的專業人員（Bean et al., 2011; Meier & Davis, 2011）。

　　正如 Meier 與 Davis（2011）所說，「你無法幫助每一位案主」（p. 45）；因為你可能會遇到一位超出你現有專業技能能協助的案主；或遇到超過你可以有信心處理的議題；或許你的案主搬遷到新的地點；或者你根本和某些案主「不適配」。當你的案主搬遷到新的地點，你必須了解該社區中的資源，主動協助案主找到能夠繼續進行治療的專業人員。網路、現代科技，甚至諮商員的聯絡資料，使得這轉介過程比以前容易多了。當然，在轉介之前，預先協助案主面對可能的恐懼和誤解是至關重要的。除此之外，在和未來轉介的專業人員進行溝通時，應該先獲得案主的書面同意書。在理想情況下，你的案主會同意你將案主的一些基本資料提供給新的諮商員，如：轉介原因、案主的特定需求以及相關的評估等資料。最後，諮商員應後續追蹤以確保案主與新諮商員聯繫上了，這是一種終止和前案主關係的專業倫理態度（Meier & Davis, 2011）。

● ● 本章摘要和討論 ● ●

　　本章討論諮商工作中一些棘手的問題，包括：危機處遇、創傷或悲傷反應、兒童疑似虐待案件的強制通報，以及轉介。為幫助你理解和應

用本章中的資訊，請思考以下問題：

■ 哪些危機處理情況會讓你感到焦慮？你如何發展和改進你現有的技能？

■ 你的「致死可能性評估」的經驗是什麼？複習 SLAP-P 及其主要內容，直到你記住為止。當你臨時遇到處於危機中的孩子時（例如，你是學校的實務工作者，而學生在某天突然發生危機狀況），你會很高興你在此時所下的工夫。

■ 與同學角色扮演，多多練習。故意創造一個困難的案主情況，以挑戰你的同學「練習」找到案主的優勢和能力。你能想到一個最近具有挑戰性的人，並能辨識出此人一些重要的優勢和能力嗎？

■ 你熟悉目前所工作的社區中，有哪些可以提供危機處理和情緒支持的機構嗎？

■ 閱讀有關兒童創傷反應的文獻，尋找什麼是受創傷兒童的風險因素和保護因素。

■ 對強制通報，你目前的訓練是什麼？檢視政府的相關法令，並熟悉這些專門術語。

參考文獻

American Psychiatric Association Work Group on Suicidal Behaviors. (2003). *Practice guideline for the assessment and treatment of patients with suicidal behaviors*. Washington, DC: American Psychiatric Publishing. doi:10.1176/appi.books.9780890423363.56008

Bean, H., Softas-Nall, L., & Mahoney, M. (2011). Reflections on mandated reporting and challenges in the therapeutic relationship: A case study with systemic

implications. *The Family Journal*, *19*(3), 286-290. doi:10.1177/1066480711407444

Child Welfare Information Gateway. (2012). *Mandatory reporters of child abuse and neglect*. Washington, DC: U.S. Department of Health and Human Services, Children's Bureau. Retrieved from https://www.childwelfare.gov/systemwide/ laws_policies/statutes/manda.cfm

Chu, J., Floyd, R., Diep, H., Pardo, S., Goldblum, P., & Bongar, B. (2013). A tool for the culturally competent assessment of suicide: The Cultural Assessment of Risk for Suicide (CARS) Measure. *Psychological Assessment*, *25*(2), 424-434. doi:10.1037/a0031264

Cohen, J. A., & Mannarino, A. P. (2004). Treatment of childhood traumatic grief. *Journal of Clinical Child and Adolescent Psychology*, *33*(4), 819-831. doi:10.12 07/s15374424jccp3304_17

Cohen, J. A., & Mannarino, A. P. (2008). Trauma-focused cognitive behavioural therapy for children and parents. *Child and Adolescent Mental Health*, *13*(4), 158-162. doi:10.1111/j.1475-3588.2008.00502.x

Cook-Cottone, C. (2004). Childhood posttraumatic stress disorder: Diagnosis, treatment, and school reintegration. *School Psychology Review*, *33*(1), 127-139.

Cook, A., Spinazzola, J., Ford, J., Lanktree, C., Blaustein, M., Sprague, C., ... van der Kolk, B. (2005). Complex trauma in children and adolescents. *Psychiatric Annals*, *35*(5), 390-398.

Crowell, K., & Levi, B. H. (2012). Mandated reporting thresholds for community professionals. *Child Welfare*, *91*(1), 35-53.

Ellis, B. H., Fogler, J., Hansen, S., Forbes, P., Navalta, C. P., & Saxe, G. (2012). Trauma systems therapy: 15-month outcomes and the importance of effecting environmental change. *Psychological Trauma: Theory, Research, Practice, and Policy*, *4*(6), 624-630. doi:10.1037/a0025192

Gateway, C. W. I. (2012). *Mandatory reporters of child abuse and neglect*. Washington, DC: U.S. Department of Health and Human Services, Children's Bureau.

Gentry, C. E., & Westover Consultants, I. W. D. C. (1994). *Crisis intervention in child abuse and neglect* (The user manual series). Washington, DC: U.S. Department of Health and Human Services.

Gillies, D., Taylor, F., Gray, C., O'Brien, L., & D'Abrew, N. (2012). Psychological therapies for the treatment of post-traumatic stress disorder in children and adolescents. *Cochrane Database of Systematic Reviews*, *12*, CD006726. doi: http://dx.doi.org/10.1002/14651858.CD006726.pub2

Greene, G. J., Lee, M., Trask, R., & Rheinscheld, J. (2005). How to work with clients' strengths in crisis intervention: A solution-focused approach. In A. R. Roberts (Ed.), *Crisis intervention handbook: Assessment, treatment, and research* (3rd ed., pp. 64-89). New York, NY: Oxford University Press.

Harrison, R. (2013). Managing suicidal crises in primary care: A case illustration. *Clinical Practice in Pediatric Psychology*, *1*(3), 291-294. doi:10.1037/ cpp0000030

Jones, L. (2008). Responding to the needs of children in crisis. *International Review of Psychiatry*, *20*(3), 291-303. doi:10.1080/09540260801996081

Kanel, K. (2003). *A guide to crisis intervention*. Belmont, CA: Brooks/Cole.

Levi, B. H., & Loeben, G. (2004). Index of suspicion: Feeling not believing. *Theoretical Medicine and Bioethics*, *25*(4), 277-310.

Levi, B. H., & Portwood, S. G. (2011). Reasonable suspicion of child abuse: Finding a common language. *Journal of Law, Medicine & Ethics*, *39*(1), 62-69. doi:10.1111/j.1748-720X.2011.00550.x

Meier, S. T., & Davis, S. R. (2011). *The elements of counseling* (7th ed.). Belmont, CA: Cengage Learning.

Morris, C. A. W., & Minton, C. A. B. (2012). Crisis in the curriculum? New counselors' crisis preparation, experiences, and self-efficacy. *Counselor Education and Supervision*, *51*(4), 256-269. doi:10.1002/j.1556-6978.2012.00019.x

Schön, C. A., & Ketterer, T. (2007). Asphyxial suicide by inhalation of helium inside a plastic bag. *American Journal of Forensic Medicine and Pathology*, *28*(4), 364-367.

Steinberg, K. L., Levine, M., & Doueck, H. J. (1997). Effects of legally mandated child-abuse reports on the therapeutic relationship: A survey of psychotherapists. *American Journal of Orthopsychiatry*, *67*(1), 112-122. doi:10.1037/ h0080216

Strozier, M., Brown, R., Fennell, M., Hardee, J., Vogel, R., & Bizzell, E. (2005).

Experiences of mandated reporting among family therapists: A qualitative analysis. *Contemporary Family Therapy: An International Journal*, *27*(2), 193-212. doi:10.1007/s10591-005-4039-1

Sullivan, M. A., Harris, E., Collado, C., & Chen, T. (2006). Noways tired: Perspectives of clinicians of color on culturally competent crisis intervention. *Journal of Clinical Psychology*, *62*(8), 987-999. doi:10.1002/jclp.20284

Thompson, M., Kuruwita, C., & Foster, E. M. (2009). Transitions in suicide risk in a nationally representative sample of adolescents. *Journal of Adolescent Health*, *44*(5), 458-463. doi:10.1016/j.jadohealth.2008.10.138

Chapter

7

成為了解和關心
自己的諮商員

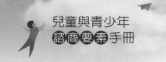
世界著名的治療師 Irvin D. Yalom（2002）問道：「治療師最有價值的工具是什麼？」答案是：「治療師自己」（p. 40）。

作為最寶貴的資產，你必須保持關心和調整自己的習慣。事實上，你如何向案主展現你自己事關重大，因為這會影響諮商的結果（Norcross, 2000）。透過培養你自己的成長和幸福感，你將增進培養他人成長和幸福感的能力。要做到這一點，你必須能了解和接受你自己的掙扎和挑戰。你不必是完美的，但是你必須能夠每天培養幸福感，並且知道自己何時是軟弱的；你必須能夠識別支持你的力量來源，並知道何時需要休息。最終，認識和關心自己的過程涉及自我覺察、獲得你需要的支持和督導、對案主和你自己的感受和反應都能做好準備、開放但維持健康的界限（boundaries），並貫徹實踐自我照顧。

56 從自我覺察開始

每個人都有需求和掙扎，那是生為人的一部分。自我覺察是確保你的需求和掙扎不會對你的兒少案主產生負面影響的關鍵步驟。諮商員應該首先了解並承認自己的個人議題、優勢和弱點，以及這些議題可能如何在專業諮商員的工作中出現（MacCluskie, 2010）。自我探索是一個終身的歷程（Yalom, 2002），建議你對以下問題進行深思熟慮的探索（Norcross, 2007）。

A. 你為什麼選擇諮商為你的事業？

諮商員的效能取決於自我覺察。首先，當你進入諮商領域時，問問自己為什麼選擇諮商作為你的事業是至關重要的。選擇進入諮商領域的

原因有很多（Cummins, Massey, & Jones, 2007; MacCluskie, 2010）。檢
視下列項目並評估你對諮商生涯感興趣的原因：

- 你是否渴望從事服務性質的工作？
- 你的靈性或宗教信仰是否在你的服務工作中扮演著某個角色？
  〔例如，作者（CCC）是受到德蕾莎修女幫助他人的啟發而決
  定進入諮商工作領域。〕
- 你是否希望能幫助人們擺脫個人痛苦，就像你曾擺脫自己痛苦的
  經驗？
- 你是否希望沒有人需要像你小時候那樣痛苦，所以你打算拯救所
  有與你工作的兒童？
- 你喜歡和人在一起工作，並且在幫助他人時感到很大的滿足？
- 你喜歡改變的過程，並且對於能參與他人改變的過程感到興奮？
- 你的成功感是否基於你能夠幫助別人？
- 你喜歡因為幫助別人變好而成為英雄的感覺嗎？

　　思考你會如何回答這些問題。你成為諮商員的動機不一定需要完
全是無私的；事實上，如果在整個幫助別人以及和他人在一起工作的
過程，你自己也受益，那麼你比較不會有職業倦怠感。然而，如果你
的自我完全或大部分是以救助者或英雄角色為基礎（Meier & Davis,
2011），那麼想想你的英雄／救助者角色對諮商的影響——因為如果沒
有他人「扮演」受害者或是需要被解救的角色，這幕「戲」是不可能完
成的。在一個賦能支持的諮商關係中，諮商員是改變的催化劑，而不是
負責改變的人；只有當案主是他／她自己的英雄和救助者時，諮商才確
實奏效。

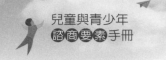
案　　主：我沒辦法處理再一次的焦慮，我不能！

諮商員：你有我的電話號碼，隨時打電話給我。我會教你如何克服它，
　　　　別擔心。

　　看看另一位以賦能取向的諮商員可能會對他／她的案主說些什麼：

案　　主：我沒辦法處理再一次的焦慮，我不能！

諮商員：我明白你的意思。感覺你不能再面對另一次焦慮了，來，深呼
　　　　吸。讓我們談談你擁有的一些資源，讓這個焦慮變得可以被你
　　　　掌控。

　　Meier 與 Davis（2011）強調我們成為何種諮商員是可以選擇的；
諮商員可以選擇為案主解決問題，或者協助案主學習如何解決問題。

B. 察覺你個人的情緒和議題的挑戰

　　兒少案主可能會經歷一些激烈的情緒，如暴怒、極度焦慮和絕望。
新手諮商員可能沒有足夠的生活經驗或未曾經歷強烈情緒的經驗，因此
常慌了手腳。Meier 與 Davis（2011）鼓勵諮商員自問：

- 有沒有哪些你會避免去感受的情緒？
- 如果你的案主表現出讓你不舒服的強烈情緒，你是否仍可以留在
  現場並繼續和案主互動？
- 你對某些情緒的不舒服感，會導致你不去引導你的案主面對處理
  這些特定的情緒嗎？

案　　主：我非常想念我的媽媽，突然瞬間，我覺得沒辦法呼吸。

諮商員：你爸爸如何處理這樣的情況呢？

　　在這裡，諮商員對青少年的悲傷有不舒服的感覺。為了避免面對這種悲傷的情緒，諮商員反而詢問青少年案主他的父親如何處理死亡事件；此時的討論引導案主從對母親死亡的感受中跳脫出來，以致案主沒有機會面對及處理這些情緒。要成為有效能的諮商員，你需要努力學習面對不同強度的各種情緒。你可以在督導或諮商員同儕支持團體的協助下，努力去面對那些對你而言具挑戰性的情緒。

　　你的兒少案主會對你有複雜的感受；而你，儘管有助人的意願，但也可能對其中的一些案主有複雜的感受。很多時候，學校的工作人員或家長因為關注孩子或青少年的問題行為，將案主轉介給你；而你的兒少案主可能因此將諮商視為懲罰。同樣，你可能會因案主的問題，例如：虐待、霸凌、抗拒、反社會行為等；或案主特徵，例如：性取向、宗教信仰、性別、外表等，而引發你內在的感受（Meier & Davis, 2011）。你要接受這個現象並運用工具，如：同儕支持團體、督導、諮詢等，來處理自己在這一過程中存在的內在抗拒和挑戰（請見第 1 章關於抗拒的議題）。

　　兒少案主會帶來各種議題，包括死亡、愛情、性、性遊戲、性取向和手淫。與兒少案主一起工作的諮商員經常被問到性遊戲的問題，或者如何區分性遊戲和性虐待；也常被問及如何處理性和手淫等話題。如果你不確定如何處理，將這些議題帶去和你的督導或你的專業同儕支持網絡討論；要多演練向案主說明解釋的方式，以及提供父母親有實證研究支持的建議。

案主的父母：我兒子的老師告訴我，他在教室自慰。他被診斷有自閉症，我怎麼知道他是尋求自我刺激還是真的在自慰？

諮　商　員：哦，我相信他不是自慰。我知道你的兒子，他不會那樣做。

在這種情況下，諮商員沒有好好的先與父母親探討辨別自我刺激和自慰這個議題。諮商員很明顯對這個話題感到不舒服，因而妨礙了諮商過程應有的處遇反應。此外，諮商員還認為自慰是不可接受的事情（如：「他不會那樣做」）。諮商員最好對類似的議題先進行自我教育並接受督導，才能真正為兒少案主和其父母服務。

C. 知道什麼時候你已經耗損了

美國心理諮商學會、美國心理學會和全國社會工作者學會的倫理規範都談到諮商員的「耗損」（impairment）狀態。耗損可以被描述為諮商員經常表現無能的狀態，並且已經干擾諮商的有效性（ACA, 2005; APA, 2002; NASW, 2008）。這可能是諮商員個人問題、社會心理困擾、物質濫用，或有心理困難的結果（NASW, 2008）。檢視你是否顯示出以下的耗損跡象：

- 無法按時參加諮商晤談
- 在諮商晤談期間難以保持清醒、注意力不集中或容易分心
- 不記得案主在諮商晤談中說話的內容
- 經常取消或更改諮商晤談時間，導致對案主前後不一致的治療
- 因酒醉或物質濫用，而在諮商晤談室表現出行動失調或精神不濟的現象（Richards, Compenni, & Muse-Burke, 2010）

整體言之，各學會的指導原則都建議諮商員要注意身體、心理和情緒方面的耗損問題，並在可能有害案主或他人時避免提供諮商服務。此外，這些指導原則建議諮商員必須根據耗損程度自己尋求外在專業的支持和協助；同時限制、暫停或終止其對案主諮商專業的服務。

D. 了解專業耗竭和惻隱心疲乏的跡象

專業耗竭（burnout）和惻隱心疲乏是諮商員面臨的獨特風險。專業耗竭通常與諮商員的工作情況有關（MacCluskie, 2008），惻隱心疲乏則是經常與危機的個案一起工作的風險（Figley, 2002; MacCluskie, 2010）。

諮商員會經歷專業耗竭，通常是因為兩個因素：(1) 慢性工作壓力和 (2) 無望改善。諮商員的專業耗竭常是外在工作要求高，以及他／她對自己個人的高期望和高要求的加乘結果。如果你顯示出專業耗竭的跡象，請先評估、處理耗竭的來源（外在或內在需求），並且好好照顧自己或休息一陣子。問自己下列問題以評估自己是否有專業耗竭的跡象（MacCluskie, 2010）：

- 你是否經常感到無力、沮喪和絕望？
- 你是否容易感覺身體疲累和情緒能量枯竭？
- 你是否有疏離、孤立和不願意社交的感覺？
- 你是否感覺被工作「困住」了？
- 你認為你的工作是個人的失敗嗎？
- 你是否容易對同事和案主表現出不耐煩、煩躁的情緒？
- 你是否持續的感到悲傷或看輕自己的工作？

　　惻隱心疲乏會發生在不同的階段（Figley, 2002）。最初的風險源於諮商員不只同理且直接感受到案主的苦難（Figley, 2002; MacCluskie, 2010）；接下來，諮商員會經歷惻隱心的壓力，或感到情緒能量剩餘不多。導致惻隱心疲乏的最後一根稻草，通常是諮商員評估自我對緩解案主痛苦或解決案主問題的能力不足而產生的結果（MacCluskie, 2010）。如果諮商員滿意自己幫助案主的努力，惻隱心疲乏會降低；但如果不滿意時，惻隱心疲乏會增加（Figley, 2002）。諮商員暫時跳離案主困擾或創傷情境的能力、暴露在案主困擾創傷的持續時間、創傷回憶的量數以及其他負面生活事件，都會導致惻隱心的疲乏。Figley（2002）建議，對諮商員惻隱心疲乏的議題進行再教育訓練、個別諮商（如：對創傷壓力源的減敏感訓練）和加強社會支持都會對諮商員有所幫助。

🐦 57 獲得你需要的支持和督導

　　你需要被「支持」。為他人提供諮商服務可能是孤獨、疲勞和困難的旅程；接受支持可幫助你走更遠的路。諮商員不應該等到他／她覺得需要被支持才求援，「支持」應納入每週的時間表作為專業實踐的一部分。

A. 建立一個支持性的團體

　　Yalom（2002）建議諮商員應有專業同儕支持性的團體。這一群專業同儕定期聚會，彼此分享為他人提供諮商服務的經驗和壓力。專業同儕可在個人、臨床、學術和社會領域提供支持性的功能（Gilroy, Carroll, & Murra, 2002; Norcross, 2007）。作為專業同儕，你可以協助評

估同儕面臨的風險和挑戰。每位同儕支持團體成員承諾去支持其他成員的福祉和專業表現，從而提高自我察覺。

B. 督導可提升諮商能力

個別督導是新手諮商員提高他／她個人諮商效能絕佳的好方法，尤其當案主的議題挑戰你的專業知識能力，和面對倫理困境時尤為重要（Meier & Davis, 2011）。此外，督導與受督者之間的對話，有助於諮商員的自我照顧計畫（Cummins et al., 2007）。

諮商員：我正在和寄養家庭裡一個有行為問題的小男孩工作。他問我是否可以永遠是他的諮商員，我僵住了，不知道該說什麼。

督　導：當你回憶起這件事時，你想到什麼？當你告訴我這些時，你感受到什麼？

諮商員：我想起我七歲時父親離開媽媽，我感受到當時被拒絕、被拋棄的感覺。我無法想像讓這個小男孩同樣感到那種……我父親讓我們失望的感受。

督　導：讓我們一起想想能夠解決你這個問題並且減少引發這種感受的方法。

督導是一個讓你能探索對案主的感受，以及出現的相關感受和反應的適當環境（Meier & Davis, 2011），這個過程能使你與案主更有效的互動和連結。

C. 接受個別諮商

所有人在生命過程中都會面臨各種挑戰和議題，這當然也包括諮商員（Norcross, 2007）。請承認你會遇到問題和挑戰，評估你被幫助的需要；然後，尋求進行個別諮商的機會（Richards et al., 2010; Yalom, 2002）。這好處是多重的。首先，你會增加個人的領悟見解（好處在前文已列出）。其次，你獲得同理案主的能力，你會知道成為受到幫助和被支持的人的感覺，你會體驗到軟弱無力的感受。第三，你會直接學習到什麼是有效的、什麼是無效技術的第一手經驗；你將獲得被賦能和被激勵，以及什麼是阻礙成長的第一手覺察。第四，尋求和進行自己所需要的個別諮商是最有建設性的自我照顧（Gilroy et al., 2002; Norcross, 2007; Richards et al., 2010）。

58 要有良好的界限

界限是指個體之間分化的程度和品質。你和兒少案主及其家庭之間建立並保持明確的、可識別的界限，是自我察覺和自我照顧的關鍵。諮商常需要你接受並對兒少案主所面臨的挑戰、壓力、甚至創傷經驗開放，因此要保持與案主關係之間清楚的界限有時並不容易（MacCluskie, 2010）。有幾種方法可以協助維持良好的界限。

A. 練習「跳離」

諮商員可以透過練習學習如何從在晤談時與案主同理的連結，轉移到晤談之後暫時「跳離」（disengagement）案主的情況，以保護諮商員

自己免於枯竭（Cummins et al., 2007; MacCluskie, 2010）。這種跳離可能是維持諮商長期有效性的必要條件。事實上，在兩次晤談之間無法有效的跳離，反而可能會減低與案主同理連結的程度（Cummins et al., 2007）。練習有效的跳離，你可以使用暫停思考技術（thought-stopping techniques）和一些支持清楚界限的語句。每當你開始想到諮商晤談時，就進行自我對話，指示自己「停止」，然後對自己陳述清楚界限的語句來重新調整自己注意的焦點。例如：

- 「與案主的諮商晤談要留在辦公室裡，他們的情況已經寫入檔案紀錄中了。」
- 「我此時已經完成諮商晤談了。」
- 「我與案主已經訂定了一個很好的行動計畫，接下來該由案主負責去實行。」
- 「我可以在下一次諮商晤談時再討論這個問題。」
- 「不斷反覆思考上次的諮商晤談內容，對我或對我的案主是無益的。」

B. 建立並保持物理空間的界限

　　界限也包含具體的事件及環境（MacCluskie, 2010）。首先，你私人住處的地址和電話號碼必須要保密。有一些諮商員甚至不在公共電話號碼簿中列入他們私人的電話號碼；在諮商等候室使用的雜誌也都不要有住家的住址。其次，將全天候危機熱線電話的使用政策寫入你的諮商晤談政策文件，詳細說明什麼時候合適案主或其家人與你直接聯繫，以及如何聯繫。許多諮商員寧願僱用服務公司或聘請人員來接電話和管理調度。第三，注意你電子通訊的界限。如果你有臉書、推特

或 Instagram 等帳戶，請建立你與案主互動的政策。如果你與他們互動（例如：接受好友請求，或接受追隨者），要注意你在電子通訊中自我表露的程度。這些都應該在你的諮商文件中詳細說明。

C. 建立和維持一個工作和生活平衡的時間表

無論你是私人執業，還是在機構中工作，或者是在學校工作，都應該訂定一個能保持工作與生活之間平衡、有足夠休息的工作時間表。經濟收入的現實和經費限制的壓力，使得諮商員常常安排許多連續的諮商晤談，或常繼續在家中或在辦公室留到晚上以完成個案報告。這種安排及這些壓力是造成諮商員專業耗竭和耗損的原因之一（Cummins et al., 2007）。

D. 在你能勝任的能力範圍內執業

倫理準則重視勝任力的界限——你應該在你的教育訓練和勝任能力範圍內執業；而這應奠基於你的教育、訓練、督導經驗和你的證照。如果你有興趣拓展新領域，要確保你有適當的教育訓練和督導（ACA, 2005; NASW, 2008）。繼續接受在職教育是保持專業能力的關鍵因素；研讀相關研究文獻、保持最新進的專業知能，將使你的案主受益。

E. 要接受案主是以有意義的步調在成長

諮商的目標是正向成長，但是，這個成長的步調應該基於兒少案主的需求和挑戰。諮商成長的步調是一個複雜的過程，包括案主對改變的準備度、你創造的諮商環境，以及案主學習和練習的技能。在與兒少案主一起工作時，家庭成員可能非常急於看到案主的變化；而諮商員也會

感到要對家人展示出兒少案主正向快速改變的壓力，以證明他們的處遇措施正在發揮作用，並感覺他們自己的工作做得不錯。即使面對這種壓力，諮商員仍然務必以適合你的諮商風格和案主需求來設定目標，提供最佳的處遇措施。按時向案主家人報告進展和描述處遇措施是有效的應對作法，同時要提供給案主家庭關於「改變階段和過程」的教育研究資料，讓案主家庭了解並接受改變是漸進的概念；當然，如果無法有所進展，諮商員也要知道何時需轉介或接受督導。

　　諮商不是建立你的自我或地位的過程；諮商是一個建立療癒關係和創造支持案主積極正向改變環境的過程（Meier & Davis, 2011）。當你有過度努力推動案主的感覺，或者對他們的沒進步感到沮喪時，問問你自己：

- 我是否向案主家庭介紹了「改變的階段」和成長步調的概念？
- 我是否使用實證支持的諮商處遇方法協助案主？
- 我需要被督導嗎？
- 我應該將案主轉介給其他專家，還是我去諮詢專家，然後自己繼續提供諮商服務？
- 我是否需要提醒自己：人的改變是需要時間的，而案主事實上正在進步？

59　貫徹自我照顧

　　在任何一個特定時間，個體的應對能力和能量都是有限的，會需要補充（MacCluskie, 2010; Norcross, 2007; Richards et al., 2010）。諮商員應了解從事心理諮商實務工作的可能危害（Gilroy et al., 2001; Norcross,

2000）。正如佛洛伊德所說，沒有人可以期望通過這個過程而毫髮無損
（Freud, 1905/1933; Norcross, 2000）。自我照顧可以讓諮商員重新恢復
精神及熱情，並為兒少案主提供如何維持健康心理的典範。

　　每位從事助人事業的諮商員必須有一個自我保健計畫，包括營養、
運動、放鬆、正念、休息、社會支持和靈性等（Cummins et al., 2007;
Gilroy et al., 2002; MacCluskie, 2010）。Cook-Cottone、Tylka 與 Tribole
（2013）認為自我照顧是調節情緒的基礎。在下面的每個項目中從 1
（不足）到 10（我所需要的適當程度）評估自己的現況：

- 我的營養足夠嗎？
- 我每天喝足夠的水嗎？
- 我每天運動超過 30 分鐘嗎？
- 當我心煩意亂或需要滋養時，我有方法可以撫慰或放鬆自己嗎
  （如：按摩、瑜伽、冥想）？
- 我有安排從事會讓自己快樂的活動？
- 我有足夠的休息時間嗎（如：晚上睡得夠，白天有休息）？
- 我的人際關係是互惠的、支持的和滋養的嗎？
- 我有一個能夠提供我生活目的和生命意義的精神或信念體系嗎？

●●● 本章摘要和討論 ●●●

　　自我察覺、支持、督導、界限和自我照顧是諮商工作永續的基礎。
單獨受苦或獨自處理諮商工作中的壓力，並不是有力或美德的象徵，反
而是一種虧空。有效率和有幸福感的諮商員承認諮商工作中固有的壓
力，也會有熱情疲乏的時候，但是願意去看顧自己並尋求他們所需要的

幫助。

　　問自己以下問題，審視你的答案，並重新閱讀本章與你有關的部分。考慮如何增加你的精神支持來源，或改變你的自我照顧計畫：

■ 你知道自己的挑戰是什麼嗎？你知道什麼樣的情緒、情況、案主特質或諮商情況可能給你帶來壓力或挑戰嗎？

■ 你的生活中有足夠的支持嗎？你有沒有專業同儕支持性的團體、督導？你接受過個別諮商嗎？

■ 你有很好的界限嗎？這些包括工作和生活之間良好的平衡、可控制的時間表、清楚有效的和案主溝通，以及如何合理衡量你實務工作的成功。

■ 你有自我照顧的計畫嗎？

American Counseling Association. (2005). *ACA code of ethics*. Alexandria, VA: Author.

American Psychological Association. (2002). *American Psychological Association ethical principles of psychologists and code of conduct*. Washington, DC: Author.

Cook-Cottone, C. P., Tylka, T. L., & Tribole, E. (2013). *Healthy eating in schools: Evidenced-based interventions to help kids thrive*. Washington, DC: American Psychological Association.

Cummins, P. N., Massey, L., & Jones, A. (2007). Keeping ourselves well: Strategies for promoting and maintain counselor wellness. *Journal of Humanistic Counseling, 46*, 35-49.

Figley, C. R. (2002). Compassion fatigue: Psychotherapists' chronic lack of selfcare.

Journal of Clinical Psychology, 58, 1433-1441.

Freud, S. (1933). Fragment of an analysis of a case of hysteria. In *Collected papers of Sigmund Freud* (Vol. 3; pp. 13-134). London, England: Hogarth. (Original work published 1905)

Gilroy, P. J., Carroll, L., & Murra, J. (2002). A preliminary survey of counseling psychologists' personal experiences with depression and treatment. *Professional Psychology: Research and Practice, 33*, 402-407.

MacCluskie, K. (2010). *Acquiring counseling skills: Integrating theory, multiculturalism, and self-awareness*. Upper Saddle River, NJ: Pearson.

Meier, S. T., & Davis, S. R. (2011). *Elements of counseling* (7th ed.). Belmont, CA: Brookes/Cole.

Norcross, J. C. (2000). Psychotherapist self-care: Practitioner-tested, research informed strategies. *Professional Psychology: Research and Practice, 31*, 710-713.

National Association of Social Workers. (2008). *Code of ethics of the National Association of Social Workers*. Washington, DC: Author.

Richards, K. C., Campenni, C. E., & Muse-Burke, J. L. (2010). Self-care and well-being in mental health professionals: The mediating effects of self- awareness and mindfulness. *Journal of Mental Health Counseling, 3*, 247-264.

Yalom, I. D. (2002). *The gift of therapy: An open letter to a new generation of therapists and their patients*. New York, NY: HarperCollins.

附錄：如何運用
這本書進行訓練

兒童與青少年
諮商要素手冊

　　這本書描述說明諮商過程中的基本要素，可以增強與兒少案主工作的諮商員訓練。這本書的每一位作者都有長期教授專業人員諮商技巧的經驗。在諮商技術訓練課程，「晤談錄影」和「晤談對話文本（或稱晤談逐字稿）」的分析是很關鍵的作業。「晤談對話文本」的分析，可增進諮商員於諮商過程中細微變化的自我覺察，如：在晤談對話中失去的機會、專業口語溝通技能的成長等。本附錄提供了如何參考本書所列舉的要素來分析對話文本。

　　「晤談對話文本」可以自我分析，也可以請同儕分析。首先，受訓中的諮商員必須先完成一份案主和諮商員的諮商晤談對話表，但是分析的部分暫留空白。這一份稱為「分析前文本」。受訓中的諮商員自己保留一份，然後把另外一份以電子郵件寄給另一位同學，請他們進行同儕分析。在作者所服務的大學，我們也把錄影的晤談過程放到網路上，但是用密碼做保護。當然，在進行錄影、儲存和檢視錄影之前，必須先取得案主適當的「知情同意書」。其次，受訓中的諮商員也要分析自己的對話文本，然後看同學的錄影，並進行同儕的文本分析。分析的指導語參見下一小節的說明。

　　一旦自己的分析和對同儕的分析都完成了之後，兩份一併交給授課老師評分。課程的成績不是基於諮商技巧是否完美的表現，而是基於對自己和同儕在「晤談對話文本」中分析的品質。學生可以去比較文本的自我分析和同儕的分析，這種反映對於協助新手諮商員發展領悟並且找出諮商過程中的盲點非常有幫助。

❤ 受訓者指導語

　　首先請準備你與兒少案主某次諮商的「晤談對話文本」。在這文本中，你要把你說的每一句話，或者是案主說的每一句話寫出來。當過程中有明顯的非口語行為，如：哭泣、皺眉、目光低垂、手臂交叉等；或者口語表達的情緒有顯著的改變，如：大聲咆哮、輕聲耳語、質問時，在句子後面用括號簡短寫出這些非口語行為的描述。

　　其次，請把兒少案主和諮商員的互動製成一個表，並且完成下面的資料。每次的對話均包括：兒少案主的口語表達，還有諮商員的反應。用號碼來代表每一次的對話互動。號碼依照對話的次序標出，如1、2、3、4等。你的「分析前文本」看起來應該像表一。整個晤談過程中的每一個敘述、表達和回應都以這樣的描述和進行分析。

　　然後你要用本書所列的 59 個要素來評估諮商員的反應，並且建議諮商員可能的替代反應；請見表二。本書所列的每一個諮商要素都有號碼，所以為了簡化表格的內容，你只需要用括號把這個要素的號碼寫出來。請你注意，你還是要解釋你的分析，不能僅是列出要素的號碼；請見表三。

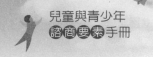

兒童與青少年
諮商要素手冊

表一　分析前文本

案主 1	**在這裡用較粗字體寫下兒少案主所說的**
諮商員 1	**在這裡用較粗字體寫下你對於兒少案主的口語反應**
自我分析 （或同儕分析）	暫時空白
替代反應	暫時空白

表二　分析大綱

案主 1	**在這裡用較粗字體寫下兒少案主所說的**
諮商員 1	**在這裡用較粗字體寫下你對於兒少案主的口語反應**
自我分析	在這裡寫下上面諮商員的反應是屬於什麼類型？為什麼？同時引用本書諮商要素的號碼。
替代反應	用**較粗字體**寫下你可能有什麼更好的反應？為什麼？ 另外寫下你的解釋跟理由，但是不要用較粗字體，只用一般的字體。請引用諮商要素的號碼。

表三　對話文本分析實例

案主 2	**她抓到我自己在催吐。我媽媽昨天晚上對我大聲吼叫，我真想跑開，我好恨我們家，我恨他們！**
諮商員 2	**你真的非常怨恨你的母親，你想離開家。**
自我分析（或自我評論）	我嘗試讓她知道我在聽，所以我先反映 (16)。
	我也嘗試盡量簡短 (20)。
	我想我也嘗試去反映她想要說的主題 (36)，但是我想我沒有做好。
	我在要支持或要面質之間猶豫不決 (23)。
	我知道替代的反應可能是什麼都不說 (21)。
	我想我應該先處理在這過程中發生的事 (19)，也就是我應該先處理她說的不同議題，如：她有厭食的症狀、她對母親的憤怒，和想要逃離這個家。
	我想或許聚焦在感受是一個較好的選擇。我其實應該幫助她找出情緒發生在她身體的哪個部位 (35)。
替代反應和支持性的敘述	**你有厭食的症狀，母親看到的時候大聲罵你。因此你非常生氣，想逃離那裡。告訴我，你現在如何感受到這生氣的感覺？你身體的哪個部位感覺到這種怒氣？**
	在這裡我是不批判的 (42)，而且認識了這個症狀（面質；23），但也同時是支持的 (23)。
	我想要摘要 (18)，並且反映感受 (16)。
	我幫她找到感受的身體部位 (35)。
	案主說了很多，在這裡我想抓住這話語的意思，好讓她能夠去處理這些議題 (36)。

國家圖書館出版品預行編目（CIP）資料

兒童與青少年諮商要素手冊 / Catherine P. Cook-Cottone,
Linda S. Kane, Laura M. Anderson 著；陳滿樺譯.
-- 初版 . -- 新北市：心理，2019.10
面； 公分 . --（輔導諮商系列 ; 21123）
譯自：The elements of counseling children and adolescents
ISBN 978-986-191-886-0（平裝）

1. 心理諮商　2. 兒童心理學　3. 青少年心理

178.4　　　　　　　　　　　　　　　　　108016490

輔導諮商系列 21123

兒童與青少年諮商要素手冊

作　　者：Catherine P. Cook-Cottone, Linda S. Kane, & Laura M. Anderson
譯　　者：陳滿樺
執行編輯：陳文玲
總 編 輯：林敬堯
發 行 人：洪有義
出 版 者：心理出版社股份有限公司
地　　址：231026 新北市新店區光明街 288 號 7 樓
電　　話：(02) 29150566
傳　　真：(02) 29152928
郵撥帳號：19293172 心理出版社股份有限公司
網　　址：https://www.psy.com.tw
電子信箱：psychoco@ms15.hinet.net
排 版 者：龍虎電腦排版股份有限公司
印 刷 者：龍虎電腦排版股份有限公司
初版一刷：2019 年 10 月
初版二刷：2021 年 9 月
I S B N：978-986-191-886-0
定　　價：新台幣 200 元